...und trotzdem glaube ich!

BOOKS on DEMAND

Über den Autor

Eduard Schiefer ist Gemeindeleiter, Jugendleiter und Prediger. Mit seiner Frau und Tochter lebt er in Waldbröl.

Eduard Schiefer

...und *trotzdem* glaube ich!

Von biblischen Vorbildern lernen

Bibliografische Information der Deutschen Nationalbibliothek:
Die Deutsche Nationalbibliothek verzeichnet diese Publikation in der
Deutschen Nationalbibliografie; detaillierte bibliografische Daten
sind im Internet über http://dnb.dnb.de abrufbar.

Illustration: **FOTOIMAGE, „Dürre", CC-Lizenz (BY 2.0)**
http://creativecommons.org/licenses/by/2.0/de/deed.de
Alle Bilder stammen aus der kostenlosen Bilddatenbank
www.piqs.de

Verwendete Bibelübersetzungen:
Bibelzitate, wenn nicht anders angegeben, nach Neues Leben Bibel,
Hänssler Verlag, Holzgerlingen.
ELB – Revidierte Elberfelder, © R.Brockhaus Verlag
LUT – Lutherbibel 1984, © Deutsche Bibelgesellschaft
NGÜ – Neue Genfer Übersetzung, © 2009 Genfer Bibelgesellschaft

1. Auflage 2015
2. Auflage 2015
Herstellung und Verlag: BoD – Books on Demand, Norderstedt
ISBN: 9783738639216

Für meine Tochter
Zoe Grace

Denn aus *Gnade* haben wir *Leben*!

Inhalt

Rut

Jona

Die Jünger

Paulus

Einleitung

„Warum glaubst du?"

Ich gebe zu, jedes Mal, wenn man mir diese Frage stellt komme ich aufs Neue ins Grübeln. Nicht weil ich anfange zu zweifeln, sondern vielmehr, weil es mir schwer fällt zu erklären, was die Gründe für meinen Glauben sind. Glaube ich an Gott, weil es mir einen Vorteil bringt? Weil ich nicht in die Hölle kommen möchte? Weil ich schon früh von Jesus gehört habe? Oder eher weil er mich zu sich gezogen, gesucht und gefunden hat?

Ich habe die Erfahrung gemacht, dass viele der Sätze, die mit „Ich glaube an Gott, weil…" anfangen auf sehr dünnem Eis stehen. Denn viele dieser Gründe sind es nicht wert, dass ich meinen Glauben darauf baue. Heute noch scheinen sie fest zu sein und mir Halt zu geben, aber schon morgen gerät alles ins Wanken und mein Glaube ist in der Gefahr einzustürzen.

Es ist in der Tat manchmal nicht einfach. Schwere Naturkatastrophen, die Tausenden das Leben nehmen und noch viel mehr Menschen jegliche Lebensgrundlage entziehen. Kriege, manche auch im Namen des Glaubens geführt, zerstören Familien und sind der Grund dafür, dass Millionen von Menschen auf der Flucht sind. Oder auch persönliche Schicksalsschläge, wie der plötzliche Tod naher und geliebter Menschen. Dies sind nur einige Beispiele, in denen Menschen die Frage aufwerfen, wieso Gott das alles zulässt, und letztendlich ins Straucheln kommen.

Aus welchen Gründen auch immer sich Menschen heutzutage gegen den Glauben entscheiden, dies soll ein Plädoyer für den Glauben sein. Für einen Glauben, der genau sieht, dass das Leben einem oft Stöcke in die Speichen wirft, der sieht, dass die Lebenssituationen, in die der Glaube uns führt, schwer und steinig sind, und für einen Glauben, der realistisch einschätzt, dass der Glaube menschlich gesehen oft keinen Sinn ergibt. Aber eben auch für einen Glauben, der in genau diesen Situationen sagen kann: ...und *trotzdem* glaube ich!

Nicht umsonst vergleicht die Bibel das Verhältnis zwischen Jesus und den Gläubigen mit Bräutigam und Braut. Leider verliert dieses wunderschöne Bild in unserer heutigen Zeit an Wert, weil man sich vielerorts verheiratet oder scheidet wie es einem passt. Ursprünglich ist die Ehe aber als eine Verbindung zu verstehen, die nichts trennen kann. „In guten wie in schlechten Tagen, bis dass der Tod uns scheidet". Genauso soll unsere Beziehung zu Gott sein – in guten wie in schlechten Tagen.

Ich bin Gott unendlich dankbar, dass wir in der Bibel einen so reichen Schatz an Glaubensvorbildern haben, die so manche schwere und lebensbedrohliche Situation durchgemacht haben und *trotzdem* am Glauben festhielten. Es sind Männer und Frauen, die oft mit Gottes Wegen gehadert haben und ihn nicht verstanden. Sie mussten erfahren, dass der Weg des Glaubens oft mit Schmerzen, Verachtung, gesellschaftlicher Ausgrenzung, Verlust von finanzieller Sicherheit, Verfolgung oder sogar mit dem Tod verbunden ist. Manche dieser Vorbilder wurden noch in diesem Leben reich für ihren Glauben belohnt, manche hingegen erhielten ihre Belohnung erst nach dem Tod. In jedem Fall aber können wir heute von ihnen lernen, wie wir mit unseren Glaubenskrisen umgehen können.

Mag es für dich auch abwärts gehen, wirst du *trotzdem* zuversichtlich sein, denn wer seine Augen in Demut senkt, den rettet Gott.

Hiob 22,29

Wenn sich ein Heer gegen mich lagert, so fürchtet sich mein Herz nicht; wenn sich auch Krieg gegen mich erhebt, *trotzdem* bin ich vertrauensvoll.

Ps. 27,3 (ELB)

Doch auch wenn die Feigenbäume noch keine Blüten tragen und die Weinstöcke noch keine Trauben, obwohl die Olivenernte spärlich aus-

fällt und auf unseren Kornfeldern kein Getreide
wächst, ja selbst wenn die Schafhürden und
Viehställe leer stehen, will ich mich *trotzdem*
über meinen Herrn freuen und will jubeln.
Denn Gott ist mein Heil! Der Herr, der All-
mächtige, ist meine Kraft! Mit ihm kann ich so
sicher wie eine Gazelle über die Felsen springen
und wohlbehalten die Berge überqueren.

Hab. 3,17-19

Vergesst nicht, dass die Prüfungen, die ihr erlebt, die gleichen sind, vor denen alle Menschen
stehen. Doch Gott ist treu. Er wird die Prüfung
nicht so stark werden lassen, dass ihr nicht
mehr widerstehen könnt. Wenn ihr auf die Probe gestellt werdet, wird er euch eine Möglichkeit zeigen, *trotzdem* standzuhalten.

1Kor. 10,13

Wie sollte man dieses Buch lesen?

Es gibt natürlich unzählige Möglichkeiten, wie Du dieses Buch lesen kannst. Dir und Deiner Kreativität sind da keine Grenzen gesetzt. Ich würde aber Folgendes empfehlen: Wenn Du das Buch für Dich alleine liest, dann solltest Du zuerst die jeweilige Bibelstelle lesen, von der das Kapitel handelt. Danach kannst Du Dir dann das Kapitel in diesem Buch durchlesen. Es bietet einige zusätzliche Informationen und gibt Dir viele Gedankenimpulse.

Solltest Du das Buch zusammen mit anderen Leuten in einer Kleingruppe (z.B. in einem Hauskreis) lesen, dann könnt Ihr ähnlich vorgehen. Zuerst lest Ihr die jeweilige Bibelstelle, dann das jeweilige Kapitel im Buch und anschließend könnt Ihr Euch über Eure Gedanken und Erfahrungen austauschen. Ich bin mir sicher, es wird einiges zu besprechen geben.

Am Ende eines jeden Kapitels findest Du einige weiterführende Fragen, die Dich herausfordern sollen, noch mehr über das Thema nachzudenken und darüber zu beten.

Mein Gebet ist, dass Du beim Lesen neu ermutigt wirst, Dich für den Glauben zu entscheiden, ganz egal, ob die Lebensstürme hinter Dir liegen, Du mitten drin steckst oder Dir das Schlimmste noch bevor steht. Lass Dich neu davon überraschen, welche Wege Gott mit seinen Anhängern geht und lass Dich darauf ein, Dein Gottesbild an der einen oder anderen Stelle neu zu überdenken. Denn Gott ist oft so anders als wir denken.

Hebräer 11 zeigt eindrucksvoll wie wichtig der Glaube ist. Er war das Kennzeichen der Glaubens-„Helden". Und deswegen ist es auch unsagbar wichtig, dass wir uns um unseren Glauben Gedanken machen.

> <u>Durch den Glauben</u> baute Noah eine Arche, um seine Familie vor der Flut zu retten. Er gehorchte Gott, der ihn vor etwas warnte, das noch nicht zu sehen war. Sein Glaube war das Urteil über den Unglauben der übrigen Welt; er aber wurde Erbe der Gerechtigkeit, die aus dem Glauben kommt.
>
> <u>Durch den Glauben</u> gehorchte Abraham, als Gott ihn aufforderte, seine Heimat zu verlassen und in ein anderes Land zu ziehen, das Gott ihm als Erbe geben würde. Er ging, ohne zu wissen, wohin ihn sein Weg führen würde. Und selbst als er das Land erreichte, das Gott ihm versprochen hatte, lebte er dort aus der Kraft des Glaubens - denn er war in dem Land wie ein Fremder, der in einem Zelt wohnte, ebenso wie Isaak und Jakob, denen Gott dieselbe Zusage gegeben hatte. Abraham konnte so handeln, weil er auf eine Stadt mit festem Fundament wartete, deren Bauherr und Schöpfer Gott

selbst ist. <u>Durch den Glauben</u> konnte Sara mit Abraham ein Kind bekommen, obwohl beide zu alt waren und obwohl Sara unfruchtbar war. Abraham glaubte, dass Gott sein Versprechen halten würde. Und so stammt ein ganzes Volk von diesem einen Mann, Abraham, der schon zu alt war, um noch Kinder zu zeugen. Und dieses Volk ist so groß wie die Zahl der Sterne am Himmel und wie die Sandkörner am Meer, die man unmöglich zählen kann. <u>Durch den Glauben</u> war Abraham bereit, Isaak als Opfer darzubringen, als Gott ihn auf die Probe stellte. Abraham, der Gottes Zusagen empfangen hatte, war bereit, seinen einzigen Sohn Isaak zu opfern.

<u>Durch den Glauben</u> segnete Isaak seine beiden Söhne Jakob und Esau. Er vertraute auf das, was Gott in der Zukunft tun würde.

<u>Durch den Glauben</u> segnete Jakob, als er alt geworden war und im Sterben lag, die beiden Söhne Josefs und verneigte sich, auf seinen Stab gestützt, anbetend vor Gott.

<u>Aus Glauben</u> sprach Josef unmittelbar vor seinem Tod davon, dass Gott das Volk Israel aus Ägypten führen würde. Er war sich dessen so sicher, dass er ihnen befahl, bei ihrem Auszug seine Gebeine mitzunehmen!

<u>Durch den Glauben</u> versteckten die Eltern von Mose ihr Kind nach der Geburt drei Monate lang. Sie sahen, dass Gott ihnen ein schönes Kind geschenkt hatte, und hatten keine Angst vor dem, was der König ihnen antun konnte. <u>Durch den Glauben</u> weigerte sich Mose, als er erwachsen war, sich als Sohn der Tochter des Pharaos bezeichnen zu lassen. Er zog es vor, mit dem Volk zu leiden, anstatt sich dem flüchtigen Vergnügen der Sünde hinzugeben. Er hielt die Leiden, die auch Christus auf sich nahm, für besseren Reichtum als die Schätze Ägyptens, denn er sah der großen Belohnung entgegen, die Gott ihm geben würde. <u>Durch den Glauben</u> verließ Mose das Land Ägypten. Er hatte keine Angst vor dem König, sondern ging unerschütterlich weiter, weil er den Blick fest auf den richtete, der unsichtbar ist. <u>Durch den Glauben</u> befahl Mose dem Volk Israel, das Passah zu halten und die Türpfosten mit Blut zu bestreichen, damit der Engel des Todes ihre erstgeborenen Söhne nicht tötete.

<u>Durch den Glauben</u> zog das Volk Israel durch das Rote Meer, als wäre es trockenes Land. Doch als die Ägypter sie verfolgten, ertranken sie alle. <u>Durch den Glauben</u> marschierte das Volk Israel sieben Tage lang um Jericho herum, und die Stadtmauern stürzten ein.

<u>Durch den Glauben</u> kam die Prostituierte Rahab nicht mit den anderen Einwohnern der Stadt um, die sich geweigert hatten, Gott zu gehorchen. Denn sie hatte die Kundschafter freundlich aufgenommen.

Wie viel soll ich noch aufzählen? Es würde zu lange dauern, all die Geschichten über den Glauben von Gideon, Barak, Simson, Jeftah, David, Samuel und allen Propheten zu erzählen. <u>Durch den Glauben</u> haben sie Königreiche bezwungen, mit Gerechtigkeit regiert und bekommen, was Gott ihnen versprochen hatte. Sie verschlossen Löwen das Maul, löschten Feuerflammen und entkamen der tödlichen Klinge des Schwertes. Ihre Schwäche wurde in Stärke verwandelt. Sie wurden stark im Kampf und schlugen ganze Armeen in die Flucht. Frauen erhielten ihre geliebten Angehörigen aus dem Tod zurück. Doch andere vertrauten Gott und wurden gefoltert, weil sie lieber starben, als sich von Gott abzuwenden und freizukommen. Sie setzten ihre Hoffnung auf die Auferstehung zu einem besseren Leben. Einige wurden verspottet und ausgepeitscht, wieder andere wurden im Gefängnis angekettet. Manche starben durch Steinigung, andere wurden zersägt, wieder andere mit dem Schwert getötet. Einige gingen in Schaf- oder Ziegenfellen umher, litten Hunger und wurden unterdrückt oder misshandelt. Sie, die zu gut für diese Welt waren, zogen durch Wüsten und über Gebirge und suchten Zuflucht in Höhlen und Erdlöchern.

Hebr. 11, 7-12;17;20-38

Noah

Kapitel 1

...auch wenn ich alleine bin

1. Mose 6

Eigentlich ist es viel zu schade, dass die Geschichte von Noah und dem Bau der Arche gerne als Kindergeschichte abgeschrieben wird. Natürlich sind Geschichten, in denen Tiere vorkommen, bestens für Kinder geeignet, aber ich bin davon überzeugt, dass auch Erwachsene aus dieser Geschichte viel für ihren Glauben lernen können.

Wir erfahren, dass die Welt in der Zeit Noahs durch und durch von Sünde geprägt war. Seit dem Sündenfall von Adam und Eva waren nun schon ca. 1000 Jahre vergangen, und in dieser Zeit hat sich die Menschheit immer weiter von Gott entfernt. Es ist sogar so schlimm geworden, dass Gott es bereute, die Menschen überhaupt geschaffen zu haben und so beschloss er, sie durch eine Flut auszulöschen. Die einzige Ausnahme bildete

Noah. Weil er sich als einziger Mensch tadellos verhielt, sollte er mitsamt seiner Familie gerettet werden. Dafür sollte er ein großes Schiff bauen, auf dem er, seine Familie und mindestens jeweils ein Paar aller Tiere Platz finden. So sollen sie die Flutkatastrophe überleben. Gott wollte sozusagen den „Reset-Knopf" der Erde drücken. Alles noch einmal auf Anfang.

So weit ist die Geschichte gut bekannt. Aber lasst uns einmal auf die Details schauen und von Noahs Glauben lernen.

Viele Menschen denken, der Glaube sei der sicherere Weg im Leben. Falls es nach dem Tod tatsächlich etwas geben sollte, dann will man ja schließlich nicht in der Hölle landen. Also entscheidet man sich, regelmäßig einen Gottesdienst zu besuchen und das zu tun, was eben zu einem „guten" Christen dazugehört. So meint man, auf der sicheren Seite zu sein und sichert sich gegen alles ab. Wenn man jedoch Noahs Glauben betrachtet, dann fällt auf, dass Noah nicht den sichereren Weg gegangen ist. Stell Dir einmal vor, Gott gäbe es nicht und Noah hätte sich das alles nur eingebildet. Er hätte die Arche gebaut und darauf gewartet, dass alle Tiere von alleine kommen. Aber niemand kommt. Und auch die Flut kommt nicht. Bis zu seinem Tod hätte er im Schiff gewartet, ohne dass irgendetwas passiert. Er wäre die größte Lachnummer seiner Zeit gewesen. Wahrscheinlich würde man sogar noch heute über ihn lachen.

Noah ist in seinem Glauben an Gott ein großes Risiko eingegangen. Nicht nur, dass der Bau eines so großen Schiffes mit immensen Finanzen verbunden ist, er hat vor allem seinen guten Ruf riskiert.

Wahrscheinlich ist Noah aber so oder so zu seiner Zeit ausgelacht worden. Er baute ein riesiges Schiff, obwohl weit und breit kein Meer in Sicht war. Sicherlich fragten ihn seine Nachbarn, warum er das tat. Und wenn er ihnen davon erzählte, dass Gott plante die Menschheit wegen ihrer Sünden in einer Flut zu vernichten, dann haben sie ihn für verrückt erklärt. Schnell wird sich die Nachricht von Noahs verrücktem Projekt rumgesprochen haben, sodass viele Schaulustige vorbeikamen, um es mit eigenen Augen zu sehen. Und alle werden sie ihn ausgelacht haben. Wie peinlich muss das für Noah gewesen sein.

Aber Noah nutzte nichts desto trotz seine Chance, um die Menschen zu warnen. Er erzählte allen immer wieder von Gottes geplanten Gericht, damit sie umkehrten. Wahrscheinlich baute Noah die Arche 120 Jahre lang und während dieser ganzen Zeit warnte er die Menschen. Doch niemand hörte auf ihn. Nicht ein Einziger war bereit, von seinen Wegen umzukehren. Das muss sehr frustrierend für Noah gewesen sein. Ich an seiner Stelle hätte wahrscheinlich schon längst gezweifelt, ob ich wirklich Gottes Auftrag erfülle. Denn immerhin war kein Erfolg zu sehen. Aber „Gott sucht nicht den Erfolg, sondern die Treue" (Pit 2004, S.12). Gott misst uns nicht mit dem Maßstab, den Menschen anlegen. Denn wenn das so wäre, dann würde Noah ganz schön schlecht da stehen. 120 Jahre lang evangelisiert und keine einzige Bekehrung.

Lass Dich deswegen nicht entmutigen, wenn die Dinge nicht so laufen, wie Du es Dir vorgestellt hast. Vielleicht tust Du einen Dienst, in dem Dich niemand bestätigt. Niemand sagt dir, dass Du es gut machst und weitermachen sollst. Stattdessen gibt es viele Menschen, denen Einiges an Deiner Arbeit nicht passt. Wenn Du aber merkst, dass Gott genau diesen Dienst von Dir verlangt, dann halte durch, ganz gleich, ob Du unterstützt wirst oder nicht. Vielleicht erfährst Du auch viel Ablehnung wegen Deines Glaubens. Die Menschen lachen Dich aus, schauen auf Dich herab und benachteiligen Dich. Lass Dich von Noahs Beispiel ermutigen durchzuhalten. Denn der Weg des Glaubens ist für Außenstehende niemals nachvollziehbar. In ihren Augen wirkt das alles verrückt. Lass Dich davon aber nicht ablenken und folge weiterhin treu dem Weg des Glaubens.

Gott sucht nicht den Erfolg, sondern die Treue.

Jan Pit

Zum Nachdenken

❖   *Hast Du auch manchmal das Gefühl, dass Du mit
     Deinem Glauben ganz alleine dastehst? Du darfst
     gewiss sein, dass Jesus bei Dir ist und dass es sich
     lohnt durchzuhalten, auch wenn Dich alle anderen
     davon abbringen wollen.*

❖   *Ist es nicht manchmal frustrierend, dass man den
     Menschen in seiner Umgebung von Jesus erzählt,
     aber keiner scheint interessiert zu sein? Halte
     durch und tue es weiterhin, denn Gott wird Dich
     nicht danach beurteilen, wie viele Menschen wegen
     Dir zum Glauben gekommen sind, sondern da-
     nach, wie treu Du gewesen bist.*

Kapitel 2

...auch wenn es mir gut geht

1. Mose 9,18-29

Es ist sehr traurig zu sehen, wie so große Männer wie Noah ins Straucheln kommen und sich versündigen. Gleichzeitig ist es aber auch ein Nachweis für die Echtheit und Glaubwürdigkeit der Bibel, denn sie beschönigt nichts, sondern berichtet sogar von den Fehltritten der Akteure.

Noah hatte also großes mit Gott erlebt. Er hatte 120 Jahre lang die Arche gebaut und sich dadurch ausgezeichnet, dass er in dieser Zeit treu evangelisierte. Dass er sich auf Gott verlassen kann, wurde durch die tatsächlich kommende Flut bestätigt. Und auch nach der Flut erweist sich Noah als treu. Sobald er aus der Arche aussteigen kann, baut er einen Altar und opfert eins der Tiere darauf, um Gott anzubeten (1Mo. 8,20). Schließlich schließt Gott einen neuen Bund mit Noah und besiegelt ihn mit dem Regenbogen.

Eine unbewachte Stärke ist eine doppelte Schwäche.

Oswald Chambers

Für Noah und sein Glaubensleben hätte es nicht besser laufen können. Alles schien perfekt, denn er lebte in

inniger Gemeinschaft mit Gott. Doch was geschah danach? Er bestellte die Felder und baute Wein an. Es ist
erst einmal nichts Verwerfliches daran, Wein anzubau-
en. Die Bibel verurteilt es an keiner Stelle. Aber sie
mahnt uns an mehreren Stellen vorsichtig mit dem Ge-
nuss von Alkohol zu sein, denn der übermäßige Ge-
brauch wird deutlich verurteilt (z.B. Spr. 20,1; Jes.5,11;
1Kor. 6,10 uvm). Doch in genau diese Falle tappt Noah,
denn eines Tages liegt er nackt und betrunken in seinem
Zelt.

Es verwundert, dass Noah trotz seines „geistlichen
Hochs" so tief fällt. Wie kann denn ein Mann, der so viel
mit Gott erlebt, so abstürzen? Aber hier liegt ein gefähr-
licher Trugschluss. Manchmal geht es auch uns so gut,
dass wir meinen, nichts kann uns passieren. Unsere Beziehung zu Gott scheint intakt, wir lesen regelmäßig in
der Bibel, beten jeden Tag und loben Gott für seine Größe und Macht. Aber vor allem in diesen Momenten müssen wir wachsam sein. Denn der Teufel hat ein großes
Interesse daran, dass unser „geistliches Hoch" ein
schnelles Ende findet.

Immer dann, wenn wir nicht aufpassen, kann uns
die Sünde am härtesten treffen und uns somit in ein tie-
fes „geistliches Loch" werfen. Nicht umsonst sagt
Oswald Chambers: „Eine unbewachte Stärke ist eine
doppelte Schwäche." Wenn wir meinen, sicher zu stehen, müssen wir aufpassen, dass wir nicht ins Straucheln
geraten und fallen.

Wer also meint, er stehe fest und sicher, der gebe Acht, dass er nicht zu Fall kommt.

1Kor.10,12 (NGÜ)

Der Teufel nutzt sehr gerne diese Situationen aus, in denen wir nicht mit einem Angriff rechnen und unsere Verteidigung schleifen lassen, weil er weiß, dass wir dann am verwundbarsten sind.

Legt die komplette Waffenrüstung Gottes an, damit ihr allen hinterhältigen Angriffen des Teufels widerstehen könnt.

Eph. 6,11

Seid wachsam. Haltet treu an dem fest, was ihr glaubt. Seid mutig und stark.

1Kor. 16,13

Zum Nachdenken

❖ *Wann hast du Gott eigentlich das letzte Mal dafür gedankt, dass es Dir gut geht? Ich vermute, Dir geht es da so wie den meisten. Wie danken zu selten...*

❖ *Vielleicht erlebst Du momentan keine Glaubenskrise, sondern ganz im Gegenteil ein Glaubenshoch. Darüber darfst Du Dich freuen. Aber bitte Gott, dass er Dir hilft, jetzt ganz besonders aufzupassen, dass Du nicht stolperst und fällst.*

❖ *Wo könnten in Deinem Leben solche Bereiche sein, in denen Du Dich zwar sehr sicher fühlst, aber der Teufel Dich trotzdem angreifen kann? Ist Dir so etwas vielleicht schon einmal passiert?*

Abraham

Kapitel 3

...auch wenn es keinen Sinn ergibt

1. Mose 12,1-9

Dann befahl der Herr Abram: »Verlass deine Heimat, deine Verwandten und die Familie deines Vaters und geh in das Land, das ich dir zeigen werde! Von dir wird ein großes Volk abstammen. Ich will dich segnen und du sollst in der ganzen Welt bekannt sein. Ich will dich zum Segen für andere machen. Wer dich segnet, den werde ich auch segnen. Wer dich verflucht, den werde ich auch verfluchen. Alle Völker der Erde werden durch dich gesegnet werden.«

1Mo. 12, 1-3

Abrahams Berufung kommt in der Bibel genauso plötzlich wie es damals wahrscheinlich für Abraham selbst gewesen sein muss. Wie aus heiterem Himmel gibt Gott Abraham den Auftrag, alles hinter sich zu lassen und mit seiner Familie in ein neues Land zu gehen. Das Land Kanaan kannte er zwar, weil schon sein Vater dort hingehen wollte (vgl. 1Mo. 11,31), doch hatte er sich sicherlich bereits mit Haran abgefunden und schon angefangen dort ein neues Leben aufzubauen. Doch Gott hatte etwas anderes mit Abraham vor. Er hatte seinen eigenen Plan für Abraham. So ist das häufig mit Gott. Ich mache mir schöne Pläne für mein Leben und dann kommt Gott und führt mich komplett anders. Aber ich darf darauf vertrauen, dass sein Weg der bessere ist und deswegen möchte Gott, dass ich jederzeit bereit bin, meine Pläne gegen seine auszutauschen.

Gott gibt Abraham aber nicht nur einen Auftrag, er gibt ihm auch einige Verheißungen mit auf den Weg. Der erste Teil der Verheißung war, dass ein großes Volk von Abraham abstammen sollte. Und genau hier lag der wunde Punkt. Abraham und Sara hatten keine Kinder. In der damaligen Zeit galt es aber als große Bestrafung kinderlos zu sein. Sicherlich hatten sich die beiden schon häufig Kommentare von Familie, Freunden und Nachbarn dazu anhören müssen. Doch mit der Zeit hatten sie sich daran gewöhnt und sich mit ihrem Schicksal abgefunden – was blieb ihnen auch anderes übrig? Doch nun kommt Gott und weckt neue Hoffnung. „Aber kann ich Gott glauben?" wird sich Abraham gefragt haben. Immerhin waren er und seine Frau schon lange nicht mehr in einem Alter, in dem man sich Gedanken ums Kinder kriegen machte. Er war zu diesem Zeitpunkt 75 Jahre alt und seine Frau Sara wahrscheinlich ca. 10 Jahre jünger, also 65 Jahre. In diesem Alter ist die biologische Uhr schon längst abgelaufen. Warum kam Gott nicht 50 Jahre früher mit dieser Verheißung? Warum macht er diesem alten Ehepaar noch einmal solche Hoffnungen und öffnet damit eine alte Wunde, die nach vielen Jahren der Qualen endlich verheilt war?

Ich darf darauf vertrauen, dass Gottes Weg der bessere ist.

In ihrer Situation ergab es menschlich gesehen einfach keinen Sinn, Gott zu glauben. Abraham und Sara waren zu alt um solche Strapazen auf sich zu nehmen, um in ein neues, unbekanntes Land zu ziehen, und erst recht waren sie zu alt, um Kinder zu bekommen.

Als Gott Abraham versprach, dass er zum Vater vieler Völker werden würde, glaubte Abraham ihm und hielt an der Hoffnung fest, <u>obwohl es hoffnungslos schien</u>.

Röm. 4,18

Hier sehen wir, was lebendigen Glauben ausmacht. Auch wenn es menschlich gesehen keinen Sinn ergibt, entscheidet sich Abraham dennoch zu glauben. Glauben bedeutet nämlich nicht, leichtgläubig und blauäugig zu sein. Abraham blendet die Realität nicht aus oder malt sie sich schöner als sie in Wirklichkeit ist. Er weiß, wie aussichtslos seine Lage ist, und dennoch ist er bereit alles hinter sich zu lassen und vertraut darauf, dass Gott sein Wort halten wird. Und daraus resultiert die zweite Verheißung. Abraham soll ein Segen für alle Völker der Erde sein. Zu diesem Zeitpunkt ist ihm das wahrscheinlich noch nicht bewusst, aber mit der Entscheidung Gott zu vertrauen, wird er zu einem Vorbild für Millionen von Menschen und somit zu einem Segen. Bis heute dürfen wir von Abraham lernen, was es heißt, trotz allem zu glauben.

Gott möchte auch Dich zu einem Segen machen. Es ist Dir vielleicht nicht bewusst, aber immer, wenn Du Dich für den Weg des Glaubens entscheidest, dann werden die Menschen in Deiner unmittelbaren Umgebung gesegnet. Entweder durch direkte Auswirkungen Deiner Taten oder auch indirekt indem Du ihnen als Glaubensvorbild dienst. In jedem Fall aber werden Menschen gesegnet!

Ich habe auch einmal eine Situation erlebt, in der Gottes Wege anscheinend keinen Sinn ergaben. In meinem Studium gab es 2 Semester, in denen ich durch alle Mathe-Prüfungen gefallen bin. Ich habe richtig angefangen zu zweifeln, ob es sich noch lohnt weiter zu machen. Ich habe mich dann entschlossen einen anderen Kurs zu wählen, der ebenfalls für mein Modul möglich war. Und siehe da, dieser Kurs war viel besser und ich habe locker bestanden. Richtig Sinn hat das Ganze dann aber erst bei den Examensprüfungen am Ende gemacht. Was ich damals noch nicht wusste, in der Examensprüfung musste ich das Thema dieses Moduls wieder aufgreifen. Gott hat mir also 2 mal "verboten" den ersten Kurs zu bestehen, damit ich dieses Thema nicht noch einmal im Examen machen muss.

Zum Nachdenken

❖ *Gab es in Deinem Leben schon einmal Situationen, in denen Du herausgefordert wurdest gegen alle Logik und Verstand zu glauben und Gott zu vertrauen? Wenn ja, wie hast Du reagiert? Warum?*

❖ *Komme damit zu Gott. Bitte ihn, dass er Dir hilft, auch in aussichtslosen Lagen zu glauben und ihm zu vertrauen.*

Kapitel 4

...auch wenn es lange dauert

1. Mose 12-21

Man sollte meinen, dass Gott sich bei der Erfüllung seiner Verheißung beeilen müsste. Immerhin war er ja (menschlich gesehen) sowieso schon zu spät dran. Wenn Abraham und Sara noch ein Kind bekommen sollten, dann müsste das möglichst bald geschehen, bevor es gänzlich zu spät ist. Aber Gottes Zeitplanung ist so anders als unsere. Abraham musste viel Geduld mitbringen.

Der Grund, dass Abraham so viel Geduld aufbringen musste lag aber nicht zuletzt daran, dass er sich des Öfteren selbst in unangenehme Situationen gebracht hat. In Kapitel 12 lesen wir, dass Abraham wegen einer Hungersnot nach Ägypten ging. Das war schon der erste Schritt des Ungehorsams. Gott schickte ihn nach Kanaan, Abraham entschied sich aber aufgrund der besonderen Ereignisse erst einmal lieber woanders hinzugehen. Diese eigenmächtige Entscheidung brachte ihm sofort weitere Probleme, denn der Pharao war auf Sara aufmerksam geworden und wollte sie sich zur Frau nehmen. Aus Angst entschied sich Abraham nur einen Teil der Wahrheit zu sagen. Er sagte dem Pharao, dass

Sara seine Schwester sei, verschwieg ihm aber, dass sie auch seine Frau war. Und nun hatte Abraham große Schwierigkeiten. Nicht nur, dass er im Begriff war, seine geliebte Frau zu verlieren, mit ihr verschwand auch jegliche Möglichkeit einen Sohn zu bekommen. Ohne Sara konnte die Verheißung Gottes nicht erfüllt werden. Und nur durch Gottes eingreifen konnte Abraham seine Frau Sara wieder zurück haben.

Nachdem er diesen Schock verdaut hatte, begegnete Gott Abraham erneut (Kap. 15). Und weil Abraham nun selbst gemerkt hat, wie schnell sich das Leben so wenden kann, dass die Verheißung in Gefahr ist, erinnert er Gott daran, dass er nach wie vor kinderlos ist. Es fällt Abraham nicht leicht, Gott voll und ganz zu vertrauen. Er denkt sehr nüchtern und realistisch und weiß, dass aufgrund des Alters ihm oder Sara jederzeit etwas zustoßen kann oder dass, ähnlich wie in Ägypten, unvorhersehbare Komplikationen auftreten können. Seine menschliche Logik versucht ständig den Glauben zu untergraben. Aber der Logik darf in dieser Hinsicht nicht vertraut werden, denn Gottes Allmacht ist eine Variable, die wir nicht mit einberechnen können. Und so ist alles, was Abraham zu diesem Zeitpunkt von Gott erhält, lediglich eine weitere Bestätigung der Verheißung.

Abraham versucht jedoch immer wieder, seine menschliche Logik in Gottes Plan mit einzubauen. In Kapitel 16 lesen wir, dass er sich, auf Saras Vorschlag hin, Hagar zur Nebenfrau nimmt. In der damaligen Kul-

tur ist es nicht unüblich gewesen, dass sich ein kinderlo-
ser Mann die Magd seiner Frau als Nebenfrau nahm, um
mit ihr ein Kind zu zeugen. Der Plan scheint aufzugehen
und Ismael wird geboren.
Doch es zeigt sich, dass das
nicht Gottes Plan gewesen ist
und Abraham letztendlich
nur ungeduldig war. Weil er
nicht bereit gewesen ist, zu
warten bis Gott selbst seine Verheißung erfüllt, hatte er
nun ein weiteres Problem, denn Sara und Hagar zerstrit-
ten sich.

Gottes Allmacht ist eine Variable, die wir nicht mit einberechnen können.

Nun wird es für Abraham richtig peinlich. Bis dahin
war sein Name immer noch Abram, was so viel wie „er-
höhter Vater" bedeutet. Doch in Kapitel 17 bekommt er
seinen neuen Namen: Abraham. Dieser Name bedeutet
„Vater vieler Menschen/Völker". Man stelle sich einmal
vor, wie peinlich es für Abraham gewesen sein muss,
diesen Namen nun zu tragen und gleichzeitig zu wissen,
dass er kinderlos ist. Er wurde sicherlich häufig danach
gefragt, wie viele Kinder er denn habe, und musste immer wieder beschämt zur Antwort geben, dass er nicht
einen einzigen Nachkommen hat.

Wieder begegnet Gott Abraham, um ihn an seine
Verheißung zu erinnern (Kap. 18). Dass es nach all der
Zeit umso schwerer ist, Gottes Versprechen zu glauben,
zeigt Saras ungläubiges Lachen (1Mo. 18, 12). Nach alle
dem, was sie bereits erlebt und durchgemacht hatten,

fällt es schwer zu glauben, dass Gott immer noch über den beiden wacht und dafür sorgt, dass sein Versprechen in Erfüllung geht. Sara ist in Gefahr, den Glauben vollends zu verlieren. Zu oft hatte sie sich anhören müssen, dass Gott ihr einen Sohn schenken wird, und nie ist sie schwanger geworden. Die Voraussetzungen standen schon zu Beginn unter keinem guten Stern und im Laufe der Zeit hatte sich ihre Situation noch verschlechtert. Für sie waren Gottes Versprechen nur leere Versprechen.

Und anstatt, dass Gott nun endlich sein Versprechen einlöst, wiederholt sich nun eine Begebenheit aus ihrer Vergangenheit (Kap. 20). Abraham erzählt schon wieder nur einen Teil der Wahrheit, und zwar, dass Sara seine Schwester sei und er verheimlicht, dass sie ebenfalls seine Frau ist. Und so möchte nun König Abimelech Sara zur Frau nehmen. Abraham scheint nichts aus seinen vergangenen Fehlern gelernt zu haben und bringt sich damit in große Schwierigkeiten. Wieder muss er darum bangen, dass er seine Frau verliert und somit auch Gottes Verheißung nicht erfüllt werden kann und wieder löst sich die Situation nur durch Gottes Eingreifen auf.

Doch nun hat die Wartezeit endlich ein Ende. In Kapitel 21 lesen wir, dass Sara schwanger geworden ist und Isaak zur Welt bringt. Zu diesem Zeitpunkt ist Abraham 100 Jahre alt (und Sara ca. 90 Jahre). Die beiden mussten 25 Jahre darauf warten, bis sich Gottes Verheißung nun endlich erfüllt. Eine unglaublich lange Wartezeit, die so manches Mal durch eigenes Verschulden komplizierter gewesen ist als von Gott vorgesehen. Doch diese lange Zeit kann uns folgendes lehren: Wenn wir den Weg des Glaubens gehen, dann wird es häufig so aussehen, als würden Gottes Verheißungen nicht in Erfüllung gehen. Wir werden mit ansehen müssen, wie die Chancen an uns vorbeiziehen und dabei werden wir uns immer wieder fragen: „Warum handelt Gott denn nicht?", „Warum lässt er sich so viel Zeit?", „Sieht er denn nicht, wie sehr ich unter der momentanen Situation leide?". Geduld ist gefragt. Das ist eine Tugend, die wir gar nicht genug lernen können. Wir wollen doch am liebsten alles sofort haben und am besten auf die Art und Weise, die wir für richtig halten. Aber wir müssen lernen, Gott zu vertrauen. Er weiß welcher Weg und welcher Zeitpunkt der Beste ist.

Außerdem sehen wir in dieser Geschichte, dass Gott treu ist. Er hält seine Zusagen. Er hat Abraham nie versprochen, *wann* er ihm einen Nachkommen schenken wird, sondern lediglich, *dass* er ihm einen schenken wird. Und daran hat er sich gehalten. Gott ist heute genauso treu wie damals. Darauf dürfen wir vertrauen.

Zum Nachdenken

❖ *Gab es in Deinem Leben schon einmal Situationen, in denen Du lange warten musstest bis Gott
sein Versprechen einlöst? Wenn ja, wie hast du reagiert? Warum?*

❖ *Gott weiß, dass es uns schwer fällt geduldig zu
sein. Aber Geduld fällt nun mal nicht vom Himmel. Man lernt sie nur, wenn man gezwungen ist
zu warten.*

❖ *Du darfst mit Deinen Schwächen zu Gott kommen. Bitte ihn, dass er Dir hilft geduldig zu sein.*

Kapitel 5

...auch wenn ich versucht werde

1.Mose 22

Lange hatte Abraham darauf warten müssen, dass er seinen lang ersehnten Sohn in den Armen halten durfte. Es war ein ständiges hin und her und wahrscheinlich hat sich Abraham nicht selten gefragt, ob er Gott überhaupt noch weiter glauben kann. Doch nach 25 Jahren Warten auf Isaaks Geburt ist sein Glaube belohnt worden.

Allerdings kann er sich nicht lange ausruhen. Kaum ist diese nervenaufreibende Wartezeit vorbei, folgt auch schon die nächste Prüfung. In Kapitel 22 lesen wir davon, dass Abraham seinen Sohn opfern soll. Gott stellt ihn vor die Wahl: Wen liebst du mehr, Gott oder deinen Sohn? Ich kann mir gar nicht vorstellen, was allein der Gedanke daran in Abraham ausgelöst haben muss. Er hatte so viel durchgemacht und so lange darauf gewartet, dass Gott seine Verheißung erfüllt. Und nun sollte er Isaak opfern? Sein eigen Fleisch und Blut? Das ergab alles keinen Sinn, denn Gott hatte ihm versprochen, dass nur die Nachkommen Isaaks (und nicht die von Ismael) Abrahams Nachkommen genannt werden sollten (1Mo. 21,12). Wie sollte das denn funktionieren, wenn er Isaak opfert? Mal wieder stand Abraham vor einer Entscheidung, die der menschlichen Logik widerspricht. Aber nun hatte er gelernt, Gott mehr zu vertrauen als seinem eigenen Verstand. Dieses Mal entscheidet er sich, Gottes Gebot treu zu erfüllen. Aus dem Neuen Testament erfahren wir, dass Abraham davon ausging, dass Gott Isaak wieder zum Leben erwecken würde (Hebr. 11,17-19). Uns entgeht heutzutage leicht, wie verrückt diese Annahme damals gewesen sein muss.

Solange wir an Dingen festhalten, die für uns wertvoll sind, kann Gott in diesem Bereich nicht wirken. Sobald wir loslassen, übernimmt Gott die Angelegenheit.

Jan Pit

Wir leben nach Christus und sind mit dem Gedanken, dass Gott einen Toten zum Leben erwecken kann, vertraut. Auch wenn wir das vielleicht noch nie mit eigenen Augen gesehen haben, existiert dieser Gedanke zumindest theoretisch in unseren Köpfen. Aber bei Abraham ist das anders gewesen. Er hatte noch nie davon gehört, dass so etwas möglich ist, und dennoch war er fest davon überzeugt, dass es für Gott machbar ist, Isaak zum Leben zu erwecken. Er traute Gott Dinge zu, die weit über jegliche Vorstellungskraft hinausgingen. Was ist also das besondere an Abrahams Glauben? Er glaubte Gott, <u>obwohl</u> es menschlich gesehen keinen Sinn ergab, und er glaubte ihm, <u>weil</u> er wusste, mit was für einem Gott er es zu tun hatte.

Als Gott Abraham versprach, dass er zum Vater vieler Völker werden würde, glaubte Abraham ihm und hielt an der Hoffnung fest, <u>ob-
wohl</u> es hoffnungslos schien.

Röm. 4,18

Dies geschah, <u>weil</u> Abraham an den Gott glaubte, der die Toten zum Leben erweckt und ins
Dasein ruft, was vorher nicht war.

Röm. 4,17

Ich kann es gar nicht genug betonen: Es ist nur dann
möglich trotz aller Widrigkeiten zu glauben, wenn ich
ein akkurates Gottesbild habe. Abraham wusste genau,
mit was für einem Gott er es zu tun hatte und was er von
ihm erwarten kann. Er wusste, welche Macht Gott hat
und das half ihm, in dieser Ausnahmesituation zu bestehen. Wir können aber noch mehr aus dieser Geschichte lernen:

1: Es beeindruckt mich immer wieder Abrahams so-
fortige Bereitschaft zu sehen. Als Gott ihn rief, antwortete er sofort mit: „Hier bin ich" (Vers1). Er war allzeit bereit für Gott. Es gab für ihn nicht die Antwort: „An sich
gerne, Herr, aber warte noch bis ich Zeit für dich habe."
Er war stets darauf vorbereitet, dass Gott zu ihm spricht
und ihm eine Aufgabe gibt.

Als ihn unterwegs Isaak anspricht, antwortet er mit: „Hier bin ich" (Vers 7). Er muss innerlich eine Achterbahn der Gefühle durchlebt haben. Er weiß, gleich muss er seinen Sohn opfern. Mit Sicherheit überlegt er unterwegs, ob es vielleicht doch einen anderen Ausweg geben könnte. Aber er ist jederzeit für seinen Sohn da und wimmelt ihn nicht ab, weil er momentan nicht im Stande ist, mit ihm zu reden.

Die dritte Begebenheit ist die wichtigste. Abraham hat seinen Sohn nun schon auf den Altar gelegt, hat das Messer in der Hand und ist bereit, seinen Sohn zu opfern, als der Engel des Herrn ihn ruft. Ich hätte vollstes Verständnis, wenn Abraham genervt geantwortet hätte: „Was denn jetzt schon wieder? Lass mich in Ruhe, Herr. Du hast mir diese schwere Aufgabe gegeben und es zerreißt mich. Ich brauche jetzt erstmal Zeit für mich und nun lenkst du mich immer wieder ab. Lass mich das zu Ende bringen und danach können wir miteinander reden." Aber nein, Abrahams Antwort lautet schon wieder: „Hier bin ich" (Vers 11). Wie fatal wäre der Ausgang dieser Geschichte, wenn Abraham nicht bereit gewesen wäre, sofort alles stehen und liegen zu lassen, um auf Gott zu hören.

Zu einem anderen sagte Jesus: »Folge mir nach!« Er aber antwortete: »Herr, erlaube mir, zuerst noch ´nach Hause` zu gehen und mich um das Begräbnis meines Vaters zu kümmern.«

Jesus erwiderte: »Lass die Toten ihre Toten begraben. Du aber geh und verkünde die Botschaft vom Reich Gottes!«

Luk. 9,59-60 (NGÜ)

2: In Vers 5 lesen wir: „Ich und der Knabe wollen
dorthin gehen, und wenn wir <u>angebetet</u> haben, wollen
wir wieder zu euch kommen." Wieso spricht Abraham
denn hier von Anbetung, wenn er doch weiß, dass er
gleich seinen Sohn opfern soll? Das habe ich lange nicht
verstehen können, bis mir endlich klar wurde: Wahre
Anbetung hat nichts mit Musik zu tun. Sie geschieht
dann, wenn wir den Willen Gottes tun. Abraham wusste
vielleicht nicht, was genau auf dem Berg passieren wird,
wie er Isaak opfern oder wie Gott ihn wieder zum Leben
erwecken würde, aber er wusste, dass in jedem Fall Gott
geehrt wird, weil er seinen Willen befolgt. Und deswegen konnte er von Anbetung sprechen.

3: Abraham muss Isaak nicht opfern, weil Gott seine
Bereitschaft sieht. Damit beweist er, dass Gott in seiner
Prioritätenliste sogar vor seinem geliebten Sohn Isaak
kommt. Er ist bereit, das kostbarste in seinem Leben für
Gott aufzugeben. Weil er das tut, versorgt Gott ihn und
schenkt ihm einen Schafbock, den er opfern kann. Am
Beispiel Abrahams können wir sehen, wie wir unsere
Prioritäten ausrichten sollten. „Wahre Befreiung wird
nur kommen, wenn wir den Berg des Opfers erreicht

haben. Solange wir an Dingen festhalten, die für uns wertvoll sind, kann Gott in diesem Bereich nicht wirken. Sobald wir loslassen, übernimmt Gott die Angelegenheit." (Pit 2004, S. 53).

Aber lasst mich noch einen Einschub machen, damit diese Geschichte nicht missverstanden wird. Selbstverständlich fordert Gott keine Menschenopfer. Das zeigt ja auch die Geschichte. Abraham soll seinen Sohn nicht opfern. Und später gibt es einige Gesetze bei Mose, die Menschenopfer ausdrücklich verbieten.

Aber ich denke, wir können einiges daraus lernen, welche Prioritäten wir im Leben haben. Bei mir persönlich kommt Gott an erster Stelle - noch vor meiner Frau oder meiner Tochter. Das heißt aber nicht, dass ich für Gott Frau und Tochter verlassen soll. Ganz und gar nicht. Gott hat sie mir doch geschenkt und ich will mich gut um sie kümmern. Vielmehr ist es doch so: das Beste, was ich für meine Frau und Tochter tun kann, ist wenn ich mein Leben nach Gott ausrichte. Ich bin fest davon überzeugt, dass das das Beste für sie ist. Denn ich weiß, dass Gott die beiden noch mehr liebt als ich es je kann. Deswegen will er auch das Beste für sie.

Zum Nachdenken

❖ Woran klammerst Du Dich in Deinem Leben?
   Wärst Du bereit, wirklich alles für Gott aufzugeben?

❖ Und wie steht es in Deinem Leben mit der soforti-
   gen Bereitschaft ihm zu gehorchen?

❖ Wie denkst Du über Anbetung? Wo betest Du
   Gott mit Deinem Leben an?

❖ Gott möchte gerade in den schwersten Lebensmo-
   menten, dass wir ihm den ersten Platz in unserem
   Leben geben und ihn dadurch ehren.

❖ Lass Dich nicht entmutigen, wenn Dir klar wird,
   dass Dein Glaube noch nicht so groß wie der von
   Abraham ist. Glaubenswachstum ist nun mal ein
   Prozess. Es braucht Zeit und ein bereitwilliges und
   demütiges Herz.

Josef

Kapitel 6

...auch wenn die Familie gegen mich ist

1. Mose 37

In Josefs Leben sieht man, was es heißt, Gott in allen seinen Lebenslagen zu vertrauen und ihm zu glauben. Er hat viel durchgemacht, und doch hielt er immer zu Gott.

Schon als Josef noch jung war hatte er große Schwierigkeiten mit seinen Brüdern. Wenn wir bedenken, wozu seine Brüder später im Stande waren, so ist klar, dass diese Schwierigkeiten weit über die normalen Geschwisterstreitigkeiten hinausgingen. Man kann hier tatsächlich von Hass reden (vgl. Vers 4), den die Brüder für Josef empfunden. Aber warum war das so? Man muss leider sagen, dass dieser Hass nicht unbegründet gewesen ist. Wie so oft im Leben, sind unsere Probleme häufig menschengemacht. Wir erfahren, dass Jakob seine Kinder nicht gleich liebte, sondern Josef bevorzugte. Zwar haben Kinder öfters mal den Eindruck, dass die Eltern ein

Geschwisterkind mehr lieben als einen selbst, aber hier war es nicht nur der subjektive Eindruck der Brüder. Jakob zeigte seine besondere Zuneigung für Josef sogar dadurch, dass er ihm ein besonderes Gewand anfertigen ließ. So trug er also Tag für Tag einen sichtbaren Beweis für die Bevorzugung seines Vaters mit sich und erinnerte damit seine Brüder immer wieder daran. Und weil die Grundstimmung gegenüber Josef schon so schlecht war, konnten die Prophezeiungen, die Gott ihm durch Träume gab, auf keinen fruchtbaren Boden fallen. Sie sorgten nur dafür, dass der Hass immer größer wurde.

Wenn wir Schwierigkeiten haben, dann sehen wir uns häufig in der Opfer-Rolle. Das mag auch öfters tatsächlich so sein. Aber je nachdem, wer Du in diesem Beispiel wärst, wird deutlich, dass wir ruhig einmal ernsthaft darüber nachdenken sollten, ob wir nicht vielleicht in der Täter-Rolle sind. Ich glaube, unsere Probleme sind viel öfter als wir es wahr haben wollen selbst verschuldet. Wir bringen uns durch eigene (oft eigensüchtige) Entscheidungen in diese Lage und sind dann unzufrieden. Wir lernen nicht genug für eine Prüfung, fallen durch und fragen uns dann, warum Gott diese Chance nicht genutzt hat, um ein Wunder zu zeigen. Wir fahren schneller als erlaubt und sind dann sauer auf Gott, wenn wir einen Unfall machen und unseren Führerschein verlieren. Solche Beispiele gibt es wie Sand am Meer. Und das schlimmste ist, dass Gottes Handeln dadurch oft behindert wird. So wie Gottes Prophezeiungen bei Josefs

Brüdern nur noch mehr Hass verursachten, so kann Gottes Handeln bei uns und unseren Mitmenschen manchmal nur noch mehr Frustration hervorrufen. Das liegt aber nicht daran, dass Gott falsch gehandelt hat, sondern daran, dass wir zuvor falsche Entscheidungen getroffen haben. Deswegen sollte unsere Konsequenz niemals sein, dass wir Gott beschuldigen, sondern, dass uns bewusst wird, was wir zuvor falsch gemacht haben.

Das Schöne ist aber, dass es Hoffnung gibt. Wer die Geschichte von Josef kennt, weiß, dass Gott diese Ereignisse gebraucht, um den Israeliten in einer Hungersnot zu helfen. Solche Dinge tut Gott immer wieder. Er tut manchmal Dinge, die zuerst einmal schrecklich und grausam erscheinen, aber letztendlich seinem großen Plan dienen. So tat er es beispielsweise bei Jesu Kreuzigung.

> Und so ist es tatsächlich gekommen: Hier in dieser Stadt haben sich Herodes und Pontius Pilatus zusammen mit den heidnischen Nationen und den Stämmen Israels gegen deinen heiligen Diener Jesus verbündet, den du gesalbt hast. Doch indem sie so vorgingen, ist genau das eingetreten, was du in deiner Macht vorherbestimmt hattest und was nach deinem Plan geschehen sollte.
>
> Apg. 4,27-28 (NGÜ)

Schau Dir dazu einmal folgende Geschichte an: „Ein Schiff gerät in einen Sturm und geht in den Wellen unter. Ein Matrose aber klammert sich an eine der Planken und wird an den Strand einer kleinen unbewohnten Insel gespült. Nachdem er wieder zu Kräften gekommen ist, bittet er Gott inständig, dass doch ein anderes Schiff kommen möge, das ihn aufspürt und rettet. Immer wieder blickt er auf das weite Meer hinaus. Doch nichts geschieht.

Gott tut manchmal Dinge, die zuerst einmal schrecklich und grausam erscheinen, aber letztendlich seinem großen Plan dienen.

So entschließt sich der Schiffbrüchige dazu, aus dem angeschwemmten Treibholz eine kleine Hütte zu bauen. Es vergehen Wochen und Monate. Mit der Zeit schwindet zunehmend auch die Hoffnung auf Rettung. Eines Tages überzieht ein schweres Gewitter die Insel. Als er von einem Erkundungsgang zurückkehrt sieht der Matrose, dass seine Hütte in hellen Flammen steht. Verzweifelt bricht es aus ihm heraus: „Mein Gott, warum tust du mir das an? Bin ich mit meinem Schicksal nicht schon genug gestraft? "Als er am nächsten Morgen erwacht, sieht der Matrose jedoch am Horizont ein Schiff ankern. Ein Rettungsboot steuert den Strand an, um ihn aufzunehmen. „Woher wussten Sie nur, dass ich hier bin?", fragt der völlig entgeisterte Mann seine Retter

„Wir haben Ihre Rauchsignale gesehen!", lautet die Antwort. „Deshalb sind wir hier."" (Stollwerk 2009, S. 49)

Und so handelt Gott auch heute in Deinem Leben – ganz egal ob Deine Situation selbst verschuldet oder fremd verschuldet ist. Du magst es vielleicht momentan nicht erkennen und vielleicht wirst Du es auch gar nicht zu Lebzeiten sehen, aber Du darfst gewiss sein, dass nichts umsonst geschieht und Gott alle Ereignisse – selbst die schlimmsten – für seine Pläne gebraucht.

Zum Nachdenken

- ❖ *Denk einmal an eine schwere Zeit in Deinem Leben zurück. Woran lag es, dass es so schwer war? Kann es vielleicht sein, dass Du Entscheidungen getroffen hast, die alles nur noch schlimmer gemacht haben? Wenn ja, bitte Gott um Vergebung.*
- ❖ *Bitte Gott, dass er Dir hilft, ihm voll und ganz zu vertrauen, auch wenn Du noch nicht sehen kannst, wozu Gott Dein momentanes Leiden gebrauchen will.*

Kapitel 7

...auch wenn ich im Gefängnis bin

1. Mose 39,1-41,36

Josef kam also als Sklave in Potifars Haus. Anstatt immer wieder darüber zu meckern, dass seine Brüder ihn verkauft haben und er zu Unrecht an diesem Ort ist, entschied er sich einfach dazu, treu seine Aufgaben zu erfüllen. Und weil er seine Arbeiten gut verrichtete, gab man ihm immer mehr Verantwortung. Es schien wieder bergauf in seinem Leben zu gehen.

> Der Herr half Josef und ließ ihm alles gelingen.
> [...] Der Herr war mit Josef und ließ alles gelin-
> gen, was er tat.
> 1Mo. 39,2+23

Josefs „Erfolgsgeheimnis" lag also nicht in ihm selbst. Er war nicht deswegen so gut und erfolgreich in seinen Aufgaben, weil er so talentiert war. Es lag einzig und allein an Gott selbst. Er allein sorgte dafür, dass die Dinge gelingen. Aber ganz egal, ob es für Josef gerade bergauf oder bergab ging, er wusste, dass das Wichtigste ist, dass Gott mit ihm ist. Das ist das einzige, was zählt.

Diese Erfahrung durfte er immer wieder machen, denn in seinem Leben erfuhr er einige Tiefpunkte. So auch jetzt, denn Potifars Frau hatte Interesse an Josef und wollte gerne mit ihm schlafen. Diese Situation war sicherlich nicht einfach für Josef, denn es fällt jungen Männer ganz besonders schwer sexuellen Versuchungen zu widerstehen. Aber Josef blieb stark und versündigte sich nicht. Anstatt jetzt aber für seine Willensstärke belohnt zu werden, wird er ins Gefängnis geworfen, weil Potifars Frau ihn zu Unrecht der versuchten Vergewaltigung beschuldigte.

Was wird wohl in Josefs Kopf vorgegangen sein? Er hatte sich in seinem Leben stets gut und richtig verhalten und doch geht es ihm so schlecht. Zuerst verkauften ihn seine eigenen Brüder an Sklavenhändler und nun sitzt er zu Unrecht im Gefängnis. Was war eigentlich aus den Träumen geworden, die er als Jugendlicher hatte? Gott hatte ihm doch versprochen, dass die anderen sich einmal vor ihm verneigen werden. All das scheint in diesem Moment so unendlich weit entfernt zu sein. Doch auch in dieser Situation fängt Josef nicht damit an in Selbstmitleid zu versinken. Egal, wo er ist, er gibt immer sein Bestes. Und so kommt es, dass er auch im Gefängnis immer mehr Verantwortung von den Wärtern bekommt. Sie merken, dass sie ihm vertrauen können, und das obwohl er ein Gefängnisinsasse ist.

Anstatt, dass sich seine eigenen Träume erfüllen, kommen nun andere Menschen zu ihm, und bitten ihn,

dass er ihnen ihre Träume deutet. Den Traum des Bä-
ckers deutet er so, dass er hingerichtet wird und den
Traum des Mundschenks so, dass er begnadigt wird.
Und tatsächlich trifft alles genau so ein, wie Josef es gesagt hatte. Obwohl Josef den Mundschenk eindringlich
darum bittet, vergisst er ein gutes Wort für Josef beim
Pharao einzulegen. Und so muss Josef weiterhin im Gefängnis sitzen. Ich kann mir gar nicht vorstellen, wie
frustrierend das immer wieder für ihn gewesen sein
muss. Er setzt sich für seine Mitmenschen ein und hilft
ihnen, aber niemand dankt ihm dafür oder setzt sich
einmal für ihn ein.

Aber auch das ist wieder einmal der gute Plan Gottes. Denn Josef soll noch so lange im Gefängnis sein, bis
der Pharao seine Hilfe braucht. 2 Jahre später hat auch er
einen Traum, den er und seine Gelehrten nicht verstehen. Erst jetzt erinnert sich der Mundschenk wieder an
Josef und erzählt dem Pharao von Josefs besonderen Fähigkeiten. Der Pharao lässt Josef rufen und erzählt ihm
seinen Traum. Und Josef kann tatsächlich den Traum
des Pharaos deuten und gibt ihm zusätzlich sogar noch
einen guten Ratschlag, wie er sich nun verhalten soll.

Ich kann über Josefs Durchhaltevermögen nur stau-
nen. Wenn ich in seiner Lage gewesen wäre, so hätte ich
mich wahrscheinlich schon längst versündigt oder wäre
in Selbstmitleid ertrunken. Josef hätte menschlich gesehen jedes Recht gehabt, von Gott enttäuscht zu sein. Er
hatte sich nichts zu Schulden komme lassen und sich

immer korrekt verhalten. Dennoch erfuhr er in seinem Leben einen Tiefpunkt nach dem anderen. Aber Josef hielt durch. Er glaubte trotzdem an Gott, auch wenn es dafür keinen erkennbaren Grund gegeben hat.

In welcher Situation Du gerade auch bist, lass Dich von Josef ermutigen. Es ist sicherlich nicht leicht, das ist mir bewusst. Vielleicht leidest Du gerade, obwohl Du nichts dafür kannst und obwohl Du nichts falsch gemacht hast. Vielleicht leidest Du sogar, weil Du aus Glauben etwas Gutes getan hast. Aber gib nicht auf. Halte trotzdem fest zu Gott und tu, was er Dir aufgetragen hat.

> Verkünde das Wort Gottes. <u>Halte durch</u>, ob die Zeit günstig ist oder nicht. In aller Geduld und mit guter Lehre sollst du die Menschen zurechtweisen, tadeln und ermutigen!
>
> 2Tim. 4,2

Zum Nachdenken

❖ *Schon bei Abraham ging es um das Thema Geduld. Hat sich in der Zwischenzeit schon etwas bei Dir verändert?*

❖ *Bitte ihn darum, dass er Dir hilft durchzuhalten. An Josefs Beispiel wird deutlich, dass wir viel Geduld brauchen, wenn wir den Weg mit Gott gehen wollen.*

Kapitel 8

...auch wenn ich Erfolg habe

1. Mose 41,37-57

Jemand sagte einmal zu mir: Lieber mit Gott vor die Wand als ohne ihn in den Erfolg. Dieser Satz hat mich zum Nachdenken gebracht. Viele Menschen wollen heute Erfolg haben, koste es, was es wolle. Man ist bereit, alles dafür zu tun. Und häufig ist der erste Schritt, den man dafür tut, der, dass man Gott über Bord wirft. Diese Menschen werden vielleicht tatsächlich im Leben erfolgreich sein, aber der Preis, den sie dafür bezahlen ist sehr hoch. Er ist sogar so hoch, dass sie eines Tages daran zugrunde gehen werden – spätestens bei ihrem Tod. Auf der anderen Seite finden wir in der Bibel viele Männer und Frauen, die zwar mit Gott gingen, aber trotzdem große Probleme wie z.B. Depressionen hatten (David, als er von Saul verfolgt wurde, Jeremia, Habakuk uvm.). Sie waren vielleicht nicht unbedingt erfolgreich, aber sie hatten verstanden, dass es viel wertvoller ist lieber bei Gott zu sein als alle Schätze der Welt zu haben. Der Weg mit Gott verspricht uns nicht nur sonnige Tage. Oft werden wir wegen Gott schwere Zeiten durchmachen müssen. Aber selbst das dunkelste Tal auf meinem Weg mit

Gott ist immer noch heller, schöner und wunderbarer als jeder Weg ohne ihn.

Früher hielt ich all diese Dinge für außerordentlich wichtig, aber jetzt betrachte ich sie als wertlos angesichts dessen, was Christus getan hat. Ja, alles andere erscheint mir wertlos, verglichen mit dem unschätzbaren Gewinn, Jesus Christus, meinen Herrn, zu kennen. Ich habe alles andere verloren und betrachte es als Dreck, damit ich Christus habe und mit ihm eins werde.

Phil. 3,7-9a

Aber was ist, wenn man mit Gott erfolgreich wird? Ist das dann sozusagen der Himmel auf Erden? Josef ist Gott in all der schweren Zeit treu geblieben und nun wurde er zum zweitmächtigsten Mann des Landes ernannt. Wenn das mal keine steile Karriere ist. Viele sind in Gefahr abzuheben, wenn sie auf einmal so viel Macht und Aufmerksamkeit bekommen. Sie wünschen sich zwar großen Erfolg, aber sobald er da ist, wissen sie nicht, wie man damit umgeht und gehen daran zugrunde. Das wird uns ja immer wieder eindrucksvoll von Prominenten bewiesen. Josef hingegen bleibt bodenständig. Was ist sein Geheimnis? Gott hatte ihn durch einen schweren Weg geführt, auf dem er Höhen und Tiefen erlebt hatte. Und Gott nutzte diese schweren Zeiten, um seinen Charakter zu formen. Er lernte treu, gewissenhaft und demütig zu sein, ganz egal, wie die Umstände aussahen. Und der wichtigste aller Gründe war: Er wusste, wem er das alles zu verdanken hatte.

> Josef nannte seinen ältesten Sohn Manasse, denn er sagte: »<u>Gott</u> hat mich all meinen Kummer und die Familie meines Vaters vergessen lassen.« Seinen zweiten Sohn nannte er Ephraim, denn er sagte: »<u>Gott</u> hat mir im Land meiner Leiden Kinder geschenkt.«
>
> 1Mo. 41,51-52

Er wusste, dass alles von Gott abhängt. Deswegen hatte er sich fest vorgenommen, sein Leben für Gott zu leben und ihn damit zu ehren.

> <u>Alles</u> ist durch ihn und für ihn erschaffen.
>
> Kol. 1,16

Zum Nachdenken

❖ *Hast Du das bisher auch so gesehen, dass Jesus das Wertvollste in Deinem Leben ist? Viel zu oft sind wir abgelenkt und vergessen diese wichtige Wahrheit. Aber Du darfst Dir sicher sein: Jesus zu haben ist der größte Gewinn in Deinem Leben!*

❖ *Und wenn Du einmal wieder bessere Tage hast: Vergiss niemals wem Du das alles zu verdanken hast. In guten wie in schlechten Zeiten, halte Dich immer fest an Jesus!*

Josua und Kaleb

Kapitel 9

...auch wenn der Feind übermächtig ist

4. Mose 13,25-14,38

Bevor das Volk Israel das Land einnehmen wollte, schickten sie zuerst einmal 12 Spione los, um das Land auszukundschaften. Sie sollten herausfinden, was das für ein Land ist und wer darin wohnt. Als sie zurückkehrten, erzählten sie den anderen, wie fruchtbar das Land dort ist und brachten zum Beweis einige Früchte mit. Aber ihr Bericht zeigte auch die Kehrseite, denn das Land wurde von starken Völkern bewohnt. Gegen sie sahen sich die Israeliten machtlos. 10 der 12 Spione waren deshalb der Meinung, dass man dieses Land nicht einnehmen sollte, obwohl Gott es ihnen verheißen hatte, weil eine Niederlage absehbar war. Nur Josua und Kaleb waren unbeirrt der festen Überzeugung, dass sie das Land mit Gottes Hilfe einnehmen können. Das gesamte Volk ließ sich aber von den anderen 10 Spionen über-

zeugen, denn sie hatten Angst um ihre Kinder. Sie be-
fürchteten, dass ihre Kinder im Falle einer Niederlage zu
Sklaven gemacht werden würden. So waren sie am Ende
der Meinung, man solle nicht in dieses Land gehen.

Gottes Reaktion darauf ist sehr hart, aber auch absolut nachvollziehbar. Die 10 Spione, die das Volk negativ
beeinflussten, mussten auf der Stelle sterben und das
gesamte Volk, das sich verführen lassen hatte, musste
zur Strafe 40 Jahre in der Wüste umher irren und durfte
nicht einen Fuß in das Land setzen.

> Ihr alle sollt hier in der Wüste sterben! Weil ihr
> euch gegen mich aufgelehnt habt, soll keiner
> von euch, der 20 Jahre oder älter ist und gemus-
> tert wurde, seinen Fuß in das Land setzen, das
> ich euch mit einem Eid zugesagt habe. Nur <u>Ka-
> leb</u>, der Sohn Jefunnes, und <u>Josua</u>, der Sohn
> Nuns, sollen davon ausgenommen sein. Aber
> eure <u>Kinder</u>, von denen ihr gesagt habt, sie
> würden von euren Feinden verschleppt wer-
> den, bringe ich sicher in das Land. <u>Sie werden
> dieses Land kennen lernen</u>, das ihr ausgeschla-
> gen habt.
>
>   4Mo. 14,29-30

Lediglich die Kinder, Josua und Kaleb durften also in
das gelobte Land. Lasst uns einmal die einzelnen Grup-
pen genauer betrachten.

Die 10 Spione hatten eigentlich eine wunderbare und ehrenvolle Aufgabe. Sie waren die ersten, die das Land betreten durften. Sie hatten mit eigenen Augen gesehen, wie wunderschön dieses Land ist und mit ihrem eigenen Mund durften sie die köstlichen Früchte des Landes schmecken. Aber sie sahen auch, wen sie dafür noch aus dem Land vertreiben mussten. Ich muss an dieser Stelle festhalten, dass die Spione in ihrem Bericht keineswegs gelogen oder übertrieben hatten. Was sie sagten, entsprach der Wahrheit. Aber sie schätzten die Situation falsch ein. Sie verglichen die Größe und Stärke der Feinde mit ihrer eigenen Größe und Stärke. In diesem Vergleich konnten sie nur verlieren. Gott spielte in ihrer Einschätzung der Situation keine Rolle.

Nun zu dem Volk. Das Volk ließ sich sehr leicht von der Mehrheit der Spione überzeugen. Außerdem hatten sie noch das Argument der Vernunft. Es wäre ja absolut unvernünftig, in den Krieg zu ziehen, weil ihre Kinder im Falle einer Niederlage dann niemanden mehr hätten, der sich um sie kümmert. Dieses Risiko wollten sie ihren Kindern zuliebe nicht eingehen. Doch auch für sie spielte Gott in dieser Situation keine Rolle.

Zu guter Letzt schauen wir uns einmal Josua und Kaleb an. Auch sie sahen dasselbe, was die anderen Spione sahen. Die Fakten, nach denen sie beurteilten waren dieselben. Aber sie zogen ein anderes Fazit.

Aber lehnt euch nicht gegen den Herrn auf und habt keine Angst vor den Bewohnern des Landes. Sie werden eine leichte Beute für uns sein! Sie haben keinen Schutz, aber <u>mit uns ist der Herr</u>! Habt also keine Angst vor ihnen!«

4Mo. 14,9

Der entscheidende Unterschied war, dass Gott in ihrem Denken eine Rolle spielte. Sie waren sich zwar bewusst, dass die Feinde stärker und mächtiger als sie waren. Aber sie wussten auch, dass Gott, der auf ihrer Seite war, die Kraft und Stärke der Feinde bei weitem überstieg.

Wer aus dieser Geschichte bist du? Bist Du vielleicht so wie die Spione? Du bist sehr nüchtern und realistisch. Du schätzt Deine Situation gut ein und weißt, dass Du keine Chance hast. Und Du lässt keine Möglichkeit aus, die Menschen in Deiner Umgebung ebenfalls davon zu überzeugen, wie schlecht die Lage ist. Dann sage ich dir: Traue Dich endlich, Gott mit einzubeziehen. Er ist nicht nur rein theoretisch in Deinem Kopf vorhanden. Er ist genauso real wie die Probleme vor dir. Er allein hat die Macht, Dir zu helfen.

Gott ist größer als all die Ängste und Sorgen, die Du hast. Und lass Dir gesagt sein, dass Gott sich um die Dinge kümmern wird, um die Du Dir berechtigterweise Sorgen machst.

Oder bist Du wie das Volk? Du bist sehr emotional und lässt Dich leicht von den Meinungen der anderen beeinflussen. Am liebsten nimmst Du den Weg, den die meisten anderen nehmen. Außerdem machst Du Dir viele Sorgen über die Dinge, die Dir wichtig sind. Vielleicht sind es ja auch Deine Kinder, um die Du Dich sorgst, und weswegen Du Dich nicht traust, alles für Gott zu geben. Dann lass mich Dir Folgendes sagen: Traue Dich, Deine Sorgen Gott abzugeben. Auch für Dich gilt, dass Gott größer ist, als all die Ängste und Sorgen, die Du hast. Und lass Dir gesagt sein, dass Gott sich um die Dinge kümmern wird, um die Du Dir berechtigterweise Sorgen machst. So wie bei den Israeliten. Um die Kinder kümmert sich Gott. Er hat dafür gesorgt, dass sie in das gelobte Land einziehen durften. Du hingegen musst nur noch lernen, Gott zu vertrauen.

Wahrscheinlich wirst du, so wie ich, eine Mischung aus beidem sein. Aber lass Dich von Josua und Kaleb ermutigen. Sie haben eindrucksvoll gezeigt, dass es sich lohnt auf Gott zu vertrauen und ihm zu glauben, auch wenn die vor uns stehenden Probleme übermächtig erscheinen.

Macht euch keine Sorgen um das, was ihr an Essen und Trinken zum Leben und an Kleidung für euren Körper braucht. Ist das Leben nicht wichtiger als die Nahrung, und ist der Körper nicht wichtiger als die Kleidung? Seht

euch die Vögel an! Sie säen nicht, sie ernten
nicht, sie sammeln keine Vorräte, und euer Vater im Himmel ernährt sie doch. Seid ihr nicht
viel mehr wert als sie? [...] Es soll euch zuerst
um Gottes Reich und Gottes Gerechtigkeit gehen, dann wird euch das Übrige alles dazuge-
geben.

                              Mt.6,25-26+33 (NGÜ)

Dass diese wunderbare Verheißung wahr ist, habe
ich in meinem Leben schon so oft erfahren dürfen.
Selbstverständlich habe ich auch Sorgen in meinem Leben, so wie jeder andere auch. Und doch ist es mir immer wieder ein Anliegen gewesen, trotz all dieser Sorgen, mich voll und ganz Gott zu Verfügung zu stellen.
Ich habe beispielsweiße erfahren, dass Gott uns finanziell versorgt und mir immer eine Arbeitsstelle gegeben
hat. Ich habe als Vertretungslehrer an einer Schule, als
Nachhilfelehrer oder auch als Gärtner gearbeitet. Jede
dieser Stellen ist zu 100% ein Geschenk von Gott gewesen. Denn ich habe mich nie um diese Stellen beworben.
Gott hat die Dinge bislang immer so geführt, dass meine
Arbeitgeber auf mich zukamen und mich fragten, ob ich
nicht für sie arbeiten möchte.

Ich kann und werde Dir nicht versprechen, dass das
bei Dir genau so sein wird. Gott führt jeden von uns auf
einem individuellen Weg. Meiner sah bislang so aus,
dass ich mich nicht selbst um eine Arbeitsstelle küm-

mern musste. Ich weiß aber nicht, ob es bei mir in Zukunft genau so weitergehen wird. Und erst recht weiß ich nicht, wie Gott Dich in Deinem Leben führen wird. Vielleicht wirst du immer eine Arbeitsstelle haben, vielleicht aber auch nicht. Das kann ich dir nicht sagen. Aber was ich Dir versprechen kann ist, dass Gott sich um Dich sorgen wird – ganz individuell nach seinem genialen Plan.

Zum Nachdenken

❖ *Wie mutig bist du? Bist Du bereit Gottes Zusagen zu glauben, auch wenn die Hindernisse zu groß erscheinen?*

❖ *Wo gibt es Bereiche in Deinem Leben, in denen es Dir besonders schwer fällt, Gott zu vertrauen?*

❖ *Danke und lobe Gott dafür, dass er größer ist als all unsere Probleme.*

Kapitel 10

…auch wenn ich alt bin

Josua 14,6-15

Mittlerweile sind 45 Jahre vergangen. Das Volk Israel war so lange in der Wüste umhergeirrt, bis sie gestorben waren. Es blieben lediglich Josua, Kaleb und die übrig, die damals Kinder gewesen sind. Josua hatte mittlerweile die Führung des Volkes von Mose übernommen und nun war es endlich so weit, dass sie in das Land einziehen durften. Sie hatten viel Geduld aufbringen müssen und lange auf diesen Tag gewartet.

An dieser Stelle muss ich aber einen Einschub machen. Weswegen mussten diese Menschen eigentlich so viel Geduld aufbringen? Hatten sie eigentlich auch etwas falsch gemacht, wofür Gott sie dann mit 40 Jahre Wüstenwanderung bestrafte? Die Antwort ist vielleicht erschreckend, aber sie hatten nichts falsch gemacht, und trotzdem mussten sie zusammen mit ihren Eltern durch die Wüste irren. In unserer individualistischen Gesellschaft hören wir das vielleicht nicht gern, aber meine Sünden gehen nicht nur mich etwas an. Ich habe oft die Vorstellung, dass meine Sünden einzig und allein mein Problem sind. Und in gewisser Hinsicht sind sie das auch. Ich allein muss die Strafe meiner Sünden tragen (wenn ich sie nicht Jesus abgebe, der sie stellvertretend für mich trägt). Die Auswirkungen meiner Sünden aber betreffen häufig nicht nur mich allein. Meine Mitmenschen werden unter den Folgen meiner Sünde ebenfalls leiden. So mussten also auch die Kinder durch die Wüste irren, obwohl die Eltern gesündigt hatten. Mir ist aber wichtig, dass das nicht falsch verstanden wird. Ich gehöre nicht zu den Menschen, die nach 2Mo. 34,7 annehmen, dass ein Mensch die Sünden seiner Vorväter auf sich trägt und auch für diese um Vergebung bitten muss. Immerhin lesen wir in z.B. Jer. 31,29-30, dass jeder nur für seine eigenen Sünden bestraft wird. Vielmehr bin ich der Meinung, dass meine Sünden Auswirkungen haben, die die Menschen in meinem Umfeld (Ehepartner, Kinder usw.) negativ beeinflussen werden. Wenn ich beispielsweise unter Spielsucht leide und das gesamte Geld verspiele, dann leidet meine ganze Familie darunter, denn wir werden nicht mehr genügend Geld für die alltäglichen Dinge haben. Es wäre jedoch absurd zu glauben, dass die Sünde der Spielsucht auch auf meinen Kindern lastet und sie Vergebung und Erlösung davon benötigen.

Nun aber zurück zu unserem Thema. Das Volk Israel steht kurz davor, das gelobte Land einzunehmen. Der Feind ist aber immer noch genauso stark und mächtig wie vor 40 Jahren. Doch das Volk hat aus vergangenen Fehlern gelernt und ist dieses Mal bereit, das Land einzunehmen. Nicht zuletzt wird das aber auch daran gelegen haben, dass Josua und Kaleb nach wie vor felsenfest davon überzeugt sind, dass sie das Land einnehmen werden, weil Gott auf ihrer Seite ist.

Stell Dir das einmal vor. Da steht der 85-jährige Kaleb vor Dir und sagt:

> Heute bin ich 85 Jahre alt. Ich bin immer noch so stark wie damals, als Mose mich auf Kundschaft schickte, und ich bin heute noch rüstig und genauso gut im Kampf wie damals.
>
> Jos. 14,10-11

Doch warum konnte er so sicher sein? An seiner körperlichen Kraft wird es nicht gelegen haben. Ein 85-jähriger Mann ist normalerweise nicht in der Lage, erfolgreich in einen Krieg zu ziehen. Hatte Gott etwa, ähnlich wie mit der Kleidung und den Schuhen (vgl. 5Mo. 29,4), dafür gesorgt, dass Kaleb bei Kräften geblieben ist? Gut möglich, aber dennoch denke ich nicht, dass das der Grund seiner Zuversicht war. Seine Zuversicht war alleine Gott!

> Doch wenn der Herr mit mir ist, werde ich sie aus dem Land vertreiben, wie der Herr gesagt hat.
>
> Jos. 14,12b

Es kommt nicht auf Deine Stärke an. Auch nicht auf Dein Geld, Deinen Einfluss, Dein Aussehen, Deine Erfahrung, Deine Intelligenz oder Deine Beliebtheit. Es kommt einzig und allein darauf an, ob Gott mit Dir ist.

Zum Nachdenken

❖ *Gibt es Dinge in Deinem Leben, die Du zu Deinem Fundament gemacht hast, Dinge auf Die Du baust und auf die Du vertraust? Sicherlich, denn das tun wir alle. Bitte Gott, dass er Dir zeigt, wo Du in Deinem Leben eventuell ein falsches Fundament gelegt hast und bitte ihn, dass er Dir Kraft gibt, es durch das einzig verlässliche Fundament auszutauschen: Gott selbst.*

❖ *Bitte Gott, dass er Dir hilft geduldig zu sein. Manchmal müssen auch wir wie die Israeliten 40 Jahre warten, bis wir endlich etwas von Gottes Versprechen sehen. Es braucht Geduld.*

Daniel

Kapitel 11

...auch wenn ich jung bin

Daniel 1

Schon früh musste Daniel erfahren, wie es ist einen sozialen Abstieg zu erleben. Wir lesen, dass Daniel aus einer vornehmen Familie aus Juda stammte. Er genoss eine gute Schul- und Ausbildung, denn an Geld wird es nicht gemangelt haben. Auch brachte man ihm bei, wie er sich zu benehmen hat oder wie man sich gewählt ausdrückt. Sicherlich verfügte er auch über hervorragende Tischmanieren. Alles in allem war er gut gerüstet, um sein Leben so zu leben wie es dem Stand seiner Familie entsprach. Eine blühende Zukunft stand ihm bevor – wenn da nicht die babylonische Großmacht wäre, die Israel vernichtend geschlagen hatte.

Und so kam es, dass Daniel als Jugendlicher gefangen genommen und nach Babylon deportiert wurde. Anstatt ein Leben in Luxus zu führen musste er nun ein

Diener am königlichen Palast sein. Vom vornehmen Mann zum Sklaven degradiert.

Als Leser hofft man vielleicht, dass Gott alles wieder gut macht und Daniel in sein altes Leben und in seine Heimat zurück kann, aber „Gott ersetzt nicht, was er uns genommen hat, nein, er lehrt uns, ohne diese Dinge zu leben." (Accad 2004, S.95). Das musste Daniel sehr früh am eigenen Leib erfahren.

Schnell drängt sich die Frage auf, warum Gott so etwas zulässt. Schließlich ist Daniel noch jung und hat den Niedergang seines Volkes nicht selbst verschuldet. Warum lässt Gott also einen unschuldigen Daniel die Strafe büßen, die andere verdient hätten? Es gab genügend gottlose Könige in Juda, die Schuld auf sich geladen hatten und deswegen eher verdient hätten in babylonischer Gefangenschaft zu leben. Aber es trifft Daniel.

Die Frage nach dem „Warum" im Leiden stellen die Menschen wahrscheinlich schon so lange wie es die Menschheit selbst gibt und bis heute hat man keine Antwort darauf gefunden, die zufriedenstellend wäre. Ich glaube, man hat deswegen keine Antwort gefunden, weil uns Menschen die Antwort nicht gefällt. Ich bin nicht der Meinung, dass ich eine allumfassende Antwort geben könnte, denn das Problem ist sehr vielschichtig und häufig höchst sensibel. Aber ich möchte einen kleinen Aspekt beleuchten. Mir ist außerdem wichtig, dass das Folgende nicht kalt und lieblos wirkt, denn Trauernde brauchen in erster Linie Trost und nicht eine Belehrung darüber, was sie falsch machen. Deswegen bete ich, dass die folgenden Worte nicht zum Anstoß werden, sondern dazu dienen, einige alte Denkstrukturen zu korrigieren.

Ich glaube, das größte Problem von uns Menschen ist, dass wir denken, der Mensch sei der Mittelpunkt des Weltgeschehens. Alles dreht sich um uns und um unser Lebensglück.

> *Gott ersetzt nicht, was er uns genommen hat, nein, er lehrt uns, ohne diese Dinge zu leben.*
> *Lucien Accad*

Und wenn etwas geschieht, dass unser Lebensglück beeinträchtigt, dann schreien wir laut auf und fragen Gott, wie er es zulassen kann, dass wir leiden.

Ich bin der tiefsten Überzeugung, dass es in meinem Leben nicht um mich geht. Es geht auch nicht um eine höhere Lebensphilosophie. Es geht einzig und allein um Gott und um seine Ziele. Wenn man dieser Logik folgt, dann muss man eingestehen, dass die Frage „Warum lässt Gott Leid zu?" schlichtweg die falsche Frage ist. Vielmehr sollte unsere Frage lauten: „Wie kann ich Gott in meiner Situation verherrlichen?" oder „Was kann ich tun, damit Gott durch meine Lebenssituation bekannt gemacht wird?"

Ich weiß, dass ich eine nicht sonderlich populäre Meinung vertrete. In einer Welt, in der es um Selbstbewusstsein, Selbstverwirklichung und Selbstwertgefühl geht, findet man nicht viele Befürworter. Aber dies ist nun mal die Ansicht, die ich meine in der Bibel entdeckt zu haben. Und ich glaube, dass Daniel eine ähnliche Ansicht vertreten hat. Denn nirgends lesen wir davon, dass Daniel die Frage nach dem „Warum" beschäftigt hat. Stattdessen gibt er in seiner miserablen Lage das Beste, um Gott die Ehre zu geben.

> Daniel beschloss in seinem Herzen, keine Speisen und keinen Wein vom Tisch des Königs anzurühren. Er wollte sich an die Speisegesetze seines Gottes halten.
>
> Dan. 1,8

Daniel entschied sich also, nichts von den königlichen Speisen zu essen. Stattdessen ernährte er sich rein vegan – nur Gemüse und Wasser. Für mich als Mann und Fleischliebhaber ist das der schwerste Teil der Botschaft. Tag für Tag werden also die köstlichsten Speisen aufgetischt, alle möglichen Sorten von Fleisch und was isst Daniel? Brokkoli, Sellerie und sonstige -ies. Igitt. Aber Spaß beiseite. Warum tut sich Daniel so etwas an? Wäre es nicht deutlich einfacher, wenn er einfach das essen würde, was man ihm auftischt? Immerhin ist er nicht in der Position Ansprüche zu stellen. Außerdem ist er weit weg von zu Hause. Wer würde es also mitbekommen, wenn Daniel sich nicht an alle Gesetze hält? Es heißt doch nicht umsonst: Wo kein Richter, da kein

Henker. Und wenn man nun noch aus neutestamentlicher Sicht bedenkt, dass die jüdischen Speisegesetze später sowieso aufgehoben werden (vgl. Apg. 10), dann wäre es doch sicher nicht so schlimm, wenn Daniel einfach dasselbe wie alle anderen isst.

Aber nein, Daniel fasst den festen Entschluss, sich treu an das zu halten, was Gott von ihm verlangt. Selbst wenn kein Mensch etwas mitbekommen würde, er weiß, dass er es niemals vor Gott verheimlichen könnte. Er hinterfragt auch nicht den Sinn von Gottes Gebot und ob es in seiner besonderen Situation nicht eine andere Auslegung gibt, die die Speisegesetze in seiner speziellen Lage neu unter sozialen, kulturellen und zeitgeschichtlichen Aspekten neu beleuchtet. Ihr merkt hoffentlich, wie ich in den Sarkasmus abdrifte. Wir Christen neigen nämlich heutzutage dazu so mit Textstellen umzugehen, die uns nicht gefallen. Wir sind bereit alles Mögliche in den Text hineinzudichten, damit wir uns ja nicht ändern müssen und der Text uns stattdessen in unserem Handeln bestätigt. Aber für Daniel ist klar: Wenn Gott sagt, er soll das nicht essen, dann isst er das nicht. Basta!

Wir können uns hier ruhig eine Scheibe von Daniel abschneiden. Gott zu gehorchen war sicherlich nicht der einfachste Weg. Denn wenn König Nebukadnezar herausgefunden hätte, dass Daniel seine Speisen nicht essen will, dann hätte er das als Beleidigung empfunden und ihn umbringen lassen. Aber Daniel nimmt diese Gefahr gerne in Kauf, weil er Gott treu sein möchte.

Daniel verhält sich also trotz seines jungen Alters und trotz seiner besonders schwierigen Lage äußerst vorbildlich. Sollte Gott ihn nicht für seine Treue belohnen? Es wäre doch schön, wenn Gott jetzt dafür sorgen würde, dass Daniel frei kommt und in seine Heimat zurückkehren darf. Ich ertappe mich häufig dabei, wie ich so ähnlich denke: Gott als mein Geschäftspartner. Wie du mir, so ich dir. Ich tue Gott einen Gefallen, indem ich mich so verhalte, wie er es gerne von mir möchte und dafür tut Gott auch mir einen Gefallen und erfüllt mir einen meiner Wünsche. Aber so funktioniert das nicht bei Gott, egal wie sehr wir uns das wünschen. Schau Dir einmal folgende Bibelstelle dazu an. Jesus sagt:

Wenn ein Knecht vom Pflügen oder Schafehüten zurückkommt, setzt er sich nicht einfach hin und isst. Zuerst muss er seinem Herrn das Abendessen zubereiten und ihn bedienen, bevor er sein eigenes Abendbrot verzehrt. Und der Knecht hat dafür noch nicht einmal Dank zu erwarten, denn er tut nur seine Pflicht. Wenn ihr mir gehorcht, sollt auch ihr sagen: `Wir haben keine besondere Anerkennung verdient. Wir sind Diener und haben nur unsere Pflicht getan.´«

Lk. 17,7-10

Im ersten Moment ist diese Botschaft schwer zu verdauen. Im zweiten auch. Ich frage mich, ob es jemals leicht sein wird, diese Aussage anzunehmen. Widerwillig muss ich mich immer wieder selbst daran erinnern: Ich diene Gott nicht, weil es mir einen persönlichen Vorteil einbringt oder damit es mir besser geht. Vielmehr diene ich Gott, weil er es verdient hat. Aber ich kann Dich auch etwas beruhigen. Wenn Gott wirklich derjenige ist, der er in der Bibel behauptet zu sein, dann ist es das beste und wunderbarste Privileg auf seiner Seite stehen zu dürfen. Ich habe es nicht verdient, und deswegen ist es ein großes Vorrecht in seiner Nähe zu sein.

Daniels einzige „Belohnung" scheint also zu sein, dass Nebukadnezar ihn nicht umbringt und er ihm somit weiterhin dienen kann. Bei genauerem Betrachten ist die eigentliche Belohnung aber, dass Daniel am Leben bleibt, damit sich Gott weiterhin in seinem Leben verherrlichen kann!

Was kann uns also diese Geschichte lehren, wenn es darum geht trotzdem zu glauben? Ich glaube, Daniel hätte 1000 Gründe finden können, warum er Gott enttäuscht den Rücken kehren sollte. Aber er weiß auch, dass nicht ein einziger dieser Gründe eine Prüfung mit Gottes Maßstab bestehen würde. Und so entschließt er sich, das zu tun, worum es im Leben geht: Gott in allen Lebenslagen zu dienen und ihm damit die Ehre zu geben.

Zum Nachdenken

❖ *Wie ist es bei Dir mit den Sünden, die man im Verborgenen tut? Sei stark und gib dem Satan keinen Raum in Deinem Leben, auch wenn Du meinst, dass es ja sowieso niemand mitbekommt. Wir können nichts vor Gott verheimlichen.*

❖ *Denkst Du manchmal auch, Du könntest mit Gott einen „Deal" machen? Wie Du mir, so ich dir. Sei bereit, Dein Gottesbild immer wieder verändern zu lassen. Denn Gott ist nicht unser Geschäftspartner, sondern unser Herr und wir seine Diener.*

Kapitel 12

...auch wenn es um Leben und Tod geht

Daniel 3

Die Geschichte von Daniel im Feuerofen ist eigentlich sehr bekannt. Viele kennen sie schon seit sie Kinder sind. Dennoch lohnt es sich die Geschichten, die man schon seit Jahren kennt, noch einmal anzusehen. Oft entgehen einem wunderbare Details. Und außerdem schaut man als Kind doch ganz anders auf so eine Geschichte als es ein Erwachsener tut.

Eines dieser Details ist nämlich, dass Daniel gar nicht im Feuerofen gewesen ist. Komisch, dass so viele Christen denken, dass Daniel einer von den Dreien war. Diese Geschichte handelt aber gar nicht von ihm. Die drei Männer, um die es hier geht, sind seine drei Freunde Schadrach (Hananja), Meschach (Mischaël) und Abed-Nego (Asarja). Lasst uns also einen genaueren Blick in die Geschichte werfen und herausfinden, was Gott uns für unsere Glaubenskrisen zu sagen hat.

Nebukadnezar ließ also eine goldene Statue anfertigen, vor der sich alle Menschen niederwerfen sollten, um sie anzubeten. Das brachte die in Babylon lebenden Juden in ein Dilemma. Sie durften keine anderen Götter haben (vgl. 2Mo. 20,3). Wenn sie sich jedoch weigerten, die Statue anzubeten, dann würden sie mit dem Tode bestraft werden. Also ganz egal, wie sie sich entscheiden würden, sie hätten ein Problem.

Die Einweihungszeremonie für die Statue beginnt und kurze Zeit danach wird dem König herangetragen, dass es tatsächlich drei Männer gibt, die sich weigern, die goldene Statue anzubeten. Bevor wir uns weiter um diese drei kümmern, lasst uns einmal folgende Frage klären: Warum waren es eigentlich nur drei? Was ist mit all den anderen? Wir wissen, dass mindestens 4600 Juden nach Babylon verschleppt wurden (Jer. 52,28-30) und wer weiß, wie viele es mittlerweile waren. Aber von all diesen Juden waren es nur die Drei, die sich weigerten die Statue anzubeten. Alle anderen, und das sind wirklich die deutliche Mehrheit, hielten es nicht für nötig sich in Gefangenschaft an die Gesetze ihres Gottes zu halten. Sie wählten den sicheren Weg. Sicherlich hatten nicht alle Juden ihren Glauben komplett über Bord geworfen, aber sie entschieden sich zweigleisig zu fahren. Gott wollte, dass sie ihn anbeten, also taten sie es, und wenn Nebukadnezar wollte, dass sie die Statue anbeten, dann taten sie das auch. Sie wollten nach Möglichkeit jeden zufrieden stellen. Wenn man einfach immer alles tut, was von einem verlangt wird, dann kann mir doch schließlich niemand böse sein, oder? Falsch!

Niemand kann zwei Herren dienen.

Mt 6,24

Wer nicht auf meiner Seite steht, ist gegen mich, und wer nicht mit mir sammelt, zerstreut.«

Lk 11,23

Gott ist in dieser Hinsicht unmissverständlich. Entweder, oder. Es gibt keinen Mittelweg. Lasst uns also aufhören faule Kompromisse einzugehen. Gott will unsere klare Entscheidung.

Die drei Freunde hatten das begriffen. Sie waren bereit Gott zu gehorchen, selbst wenn sonst niemand mitmachte und selbst wenn es den Tod zur Folge haben sollte. Selbst als sie vor den König treten müssen, weigern sie sich nach wie vor, vor der Statue niederzuknien.

Wenn der Gott, den wir verehren, es will, kann er uns ganz bestimmt retten. Sowohl aus dem brennenden Feuerofen als auch aus deiner Hand, o König, wird er uns dann retten. Aber selbst wenn er es anders beschlossen hat, sollst du, o König, es mit Sicherheit wissen: Wir werden deine Götter niemals verehren und die goldene Statue, die du hast aufstellen lassen, niemals anbeten.«

Dan. 3,17-18

Dieser Glaube beeindruckt mich zutiefst. Sie vertrauen Gott, aber nicht, weil sie denken, dass sie dann zwangsweise überleben werden. Sie wissen, dass Gott die Macht hat sie aus jeder Situation zu befreien, aber sie überlassen Gott allein die Entscheidungsmacht darüber, wie es mit ihrem Leben weitergehen soll.

Wenn ein Christ bereit ist für seinen Glauben sogar Leiden in Kauf zu nehmen, dann ist Gott höchst persönlich an seiner Seite.

Die drei Freunde zeigen hier, was es wirklich heißt zu glauben. Denn lebendiger Glaube hängt nicht davon ab, welchen Weg Gott uns führt und ob es gut oder schlecht für uns ausgeht. Wenn Du also das nächste Mal in eine Situation gerätst, in der es nicht danach aussieht, dass Du da unbeschadet herauskommst, dann erinnere Dich an die drei Freunde und lass sie Dir ein Vorbild sein.

Ich möchte noch auf einen letzten Aspekt hindeuten. Die drei Freunde bekommen die versprochene Strafe von Nebukadnezar. Er lässt sie fesseln und in den Feuerofen werfen.

Plötzlich sprang Nebukadnezar erschrocken auf und fragte seine Ratgeber: »Haben wir nicht eben drei Männer gefesselt ins Feuer werfen lassen?« - »Ja, natürlich, o König«, antworteten sie. »Aber seht doch!«, rief Nebukadnezar.

»Dort sehe ich vier Männer, ungefesselt, die im Feuer umhergehen. Und sie sind völlig unversehrt! Und der Vierte sieht aus wie ein göttliches Wesen!«

Dan. 3,24-25

Ist das nicht wunderbar? Nicht nur überleben sie, Gott lässt die drei auch nicht alleine. Wenn ein Christ bereit ist für seinen Glauben sogar Leiden in Kauf zu nehmen, dann ist Gott höchst persönlich an seiner Seite. Natürlich ist Gott immer da, aber in solchen Situationen ist die Nähe ganz besonders groß. Diese Erfahrung bestätigen heutzutage auch immer wieder Christen, die für ihren Glauben leiden mussten. In dieser Zeit verspüren sie eine besondere Nähe zu Gott. Auch der erste christliche Märtyrer, Stephanus, erlebte das. Als er gesteinigt wurde, sah er Jesus:

Stephanus aber, vom Heiligen Geist erfüllt, blickte jetzt unverwandt zum Himmel hinauf, denn er sah dort die Herrlichkeit Gottes, und er sah Jesus, der an Gottes rechter Seite stand.

Apg. 7,55 (NGÜ)

Nun, was ist das Resultat dieser Geschichte? Die drei haben nämlich nicht umsonst gelitten. Überhaupt, niemand leidet umsonst für seinen Glauben. Denn jedes Mal, wenn sich ein Christ dazu entscheidet Gott treu zu sein, ob er dabei leidet oder nicht, ist das Resultat immer dasselbe: Gott wird geehrt – und das nicht selten von Menschen, die zuvor nicht an Gott glaubten.

Da rief Nebukadnezar: »Gelobt sei der Gott Schadrachs, Meschachs und Abed-Negos!

Dan. 3,28

Zum Nachdenken

❖ *Wie hältst Du es mit der Treue zu Gott? Hast Du den Mut zu Gott zu stehen, auch wenn keiner mitmacht?*

❖ *Ist es nicht schön zu wissen, dass Gott uns nicht alleine lässt, wenn wir wegen ihm Abneigung und Benachteiligung erfahren? Gott lässt uns nicht im Stich.*

Rut

Kapitel 13

...auch wenn ich alles verloren habe

Rut 1

Wo du hingehst, dort will ich auch hingehen, und wo du lebst, da möchte ich auch leben. Dein Volk ist mein Volk und dein Gott ist mein Gott. Wo du stirbst, da will ich auch sterben und begraben werden. Der Herr soll mich strafen, wenn ich zulasse, dass irgendetwas anderes als der Tod uns trennt!

Rut 1,16-17

Diese Verse (zusammen mit 1Kor. 13) gehören wahrscheinlich zu den am häufigsten zitierten Versen bei Hochzeiten. Ich frage mich, ob diesen Paaren eigentlich bewusst ist, dass diese Aussage an die Schwiegermutter gerichtet ist. Wahrscheinlich würden dann viele diese Verse nicht mehr bei ihrer Hochzeit haben wollen.

Aber nun einmal ernsthaft. Rut ist ein außerordentliches Beispiel für Treue und damit ist sie das Gegenteil von den untreuen und wechselhaften Israeliten zur Richterzeit. Nicht umsonst kommt sie in Davids Stammbaum vor und ist somit auch eine Vorfahrin von Jesus.

Wir erfahren, dass Elimelech zusammen mit seiner Frau Noomi und ihren beiden Söhnen Machlon und Kiljon wegen einer Hungersnot nach Moab ziehen. Diese Entscheidung ist der Familie wahrscheinlich nicht leicht gefallen, aber sie hatten keine andere Wahl. Schließlich gab es nicht mehr genügend Nahrung in Israel. Sie entschieden sich zu diesem Schritt, um ihre Lebenssituation zu verbessern. Doch kaum in Moab angekommen, trifft das Schicksal sie erneut sehr hart. Der Vater, Elimelech, stirbt und hinterlässt eine Witwe mit ihren beiden Kindern – alleine in einem fremden Land.

Ich kann gut nachempfinden, wie es der Familie ergangen sein muss, denn meine Familie erlebte ähnliches. Vor vielen Jahren entschieden sich meine Eltern zusammen mit uns beiden Söhnen von Russland nach Deutschland zu ziehen. Als Spätaussiedler hatte mein Vater die deutsche Staatsbürgerschaft und deswegen war es naheliegend, dass sie nach dem Fall der Sowjetunion in „die alte Heimat" zogen. Kurze Zeit nach der Ankunft in Deutschland schien es zunächst gut loszugehen. Mein Vater fand schnell Arbeit und konnte sein erstes Geld verdienen. Doch dann kam alles anders. Mein Vater litt schon seit seiner Jugend an Diabetes. Nun aber nahm die

Krankheit schlimmere Formen an, denn sie griff die feinen Blutgefäße in seinen Augen an. Es folgten unzählige Augenoperationen und monatelange Aufenthalte in Krankenhäusern bis mein Vater fast vollkommen erblindete. Ein Auge war vollkommen blind, auf dem anderen blieben noch 4% Sehvermögen. Von einem Moment auf den anderen änderte sich die Ausgangslage vollkommen. Meine Mutter musste ihren Ehemann pflegen, uns Kinder großziehen und das Geld verdienen – und das alles in einem fremden Land mit mangelhaften Sprachkenntnissen.

Ähnlich wie sich meine Mutter oft mit der Situation überfordert gefühlt hat, muss es auch Noomi ergangen sein. Sie hatte sich ihre Zukunft ganz anders vorgestellt. Aber so ist das im Leben: es kommt selten wie geplant. Zunächst schien es aber wieder bergauf zu gehen. Wir erfahren, dass die beiden Söhne moabitische Frauen finden: Orpa und Rut. Allein diese Tatsache zeigt, dass sie sich mittlerweile in dem Land eingelebt hatten. 10 Jahre lang schien sich ihr Leben zu stabilisieren, bis es sie wieder hart trifft, denn nun sterben auch Machlon und Kiljon. Übrig bleiben also drei Witwen: Noomi, Orpa und Rut. In der damaligen Zeit ist es aber noch viel schwieriger für eine Witwe gewesen im Leben zurechtzukommen. Denn wenn eine Witwe keine männlichen Verwandten (Söhne, Brüder, Onkel usw.) in ihrer Nähe hatte, die für sie sorgten, dann blieben ihr nur drei Möglichkeiten an Geld zu kommen: Diebstahl, Betteln oder

Prostitution. Klar ist, dass keine dieser drei Optionen besonders erstrebenswert war. Und so entschließt sich Noomi wieder zurück in ihre alte Heimat zu gehen, denn sie hatte gehört, dass sich die Lage in Israel wieder gebessert hatte. Außerdem hatte sie dort noch Verwandte, die sie unterstützen könnten.

Natürlich stellt sich nun die Frage, ob sie alleine geht oder ihre beiden Schwiegertöchter mitnimmt. Der Fall scheint einfach, denn Orpa und Rut sind noch jung genug, um einen zweiten Ehemann zu finden, Noomi hingegen ist schon zu alt, um ein weiteres Mal zu heiraten. Deswegen will sie ihre Schwiegertöchter dazu überreden in ihrer Heimat Moab zu bleiben und sich hier ein neues Leben aufzubauen. Hier in Moab haben sie die besseren Chancen auf ein gutes und sorgenfreies Leben. Nach langem hin und her entscheidet sich Orpa in Moab zu bleiben, Rut hingegen möchte Noomi begleiten.

Wenn wir die Entscheidungen der beiden Frauen vergleichen, dann fällt auf, dass Orpa vernünftig und Rut treu entschieden hat (vgl. Wünch 1998, S.124f). Zunächst einmal muss festgehalten werden, dass beide Entscheidungen in Ordnung sind, denn die Bibel tadelt keine der beiden Frauen. Dennoch ist klar, dass Ruts Entscheidung die bessere gewesen ist. Denn während Orpa sich in ihrer Entscheidungsfindung von menschlicher Logik leiten lässt, entscheidet Rut aus Glauben heraus. Mal wieder zeigt sich, dass der Glaubensweg häufig der menschlichen Logik widerspricht. Auch wenn es vernünftiger erscheint in Moab zu bleiben, will Rut Noomi treu zur Seite stehen. Diese Treue wünscht sich Gott auch von uns.

Aber lasst uns noch einmal einen genaueren Blick darauf werfen, was Rut sagt. Denn ein Satz verblüfft mich immer wieder neu: „Dein Volk ist mein Volk und dein Gott ist mein Gott." Mit dieser Aussage kon-

Mal wieder zeigt sich, dass der Glaubensweg häufig der menschlichen Logik widerspricht.

vertiert Rut zum jüdischen Glauben. Sie will fortan an den Gott Israels glauben und nicht mehr an die Götter ihres eigenen Volkes. Aber was hat sie eigentlich dazu bewegt? Bislang ist nichts passiert, was besondere Werbung für Gott gemacht hätte. Gott hatte eine Hungersnot zugelassen, weswegen die Familie ihres Mannes wegziehen musste. Und dann hatte er zuerst ihren Schwiegervater und dann auch noch ihren eigenen Mann und ihren Schwager sterben lassen (vgl. Wünch, 2015). Was war also der Grund, weswegen sie sich dennoch für diesen Gott entscheiden wollte?

Ich glaube, hier finden wir eine wichtige Lektion für unser Glaubensleben. Selbstverständlich finden wir unzählige Segnungen um uns herum. Wer aufmerksam sein Leben betrachtet, wird merken, dass Gott ihn reich beschenkt. Und dafür können wir Gott von Herzen dankbar sein. Aber wer diese Geschenke als Fundament für seinen Glauben nimmt, der wird schnell ins Wanken kommen. Denn alle Segnungen auf der Erde sind nur zeitlich. Heute sind sie da, morgen schon können sie wieder weg sein. Geliebte Menschen werden irgendwann sterben, unser Geld ist irgendwann ausgegeben oder verloren, auch unsere Gesundheit ist nicht immer die beste und auch meine Arbeitsstelle kann ich von heute auf morgen verlieren. Wenn ich also an Gott glaube, weil er mich mit Dingen wie diesen so reich beschenkt, dann werde ich zwangsläufig früher oder später Schiffbruch erleiden. Lebendiger Glaube hingegen ist ein Glaube wie Rut ihn zeigt. Denn sie hat sich für Gott entschieden, auch wenn es ihr keine Vorteile einbringt. Lebendiger Glaube ist nämlich nicht an Bedingungen geknüpft.

Zum Nachdenken

- ❖ *Ist es Dir schon einmal so ergangen, dass Gott Deine Lebenspläne gekreuzt hat? Wie war das für Dich?*
- ❖ *Versuche diese Frage so ehrlich wie möglich zu beantworten: Worauf baut Dein Glaube? Was wäre, wenn Gott Dir nach und nach alles nimmt, wofür Du momentan so dankbar bist? Würdest Du trotzdem weiter an ihn glauben wollen?*

Jona

Kapitel 14

...auch wenn ich uneinsichtig bin

Jona 4

Die Geschichte von Jona ist ein eindrucksvolles Beispiel dafür, wie viel Mühe sich Gott mit uns macht. Er ist wirklich daran interessiert, jeden einzelnen Menschen zu gewinnen und schreckt auch nicht davor zurück, selbst außergewöhnliche Wege mit ihnen zu gehen. So gibt er jedem Menschen die Chance Glauben zu lernen.

Jona bekam den Auftrag, nach Ninive zu gehen und den Menschen davon zu berichten, dass Gott die Stadt vernichten will. Wir lesen jedoch davon, dass er nicht bereit war, Gott zu gehorchen. Das lag zum einen daran, dass er Angst hatte, die Menschen könnten ihm etwas antun, wenn er ihnen eine so schreckliche Botschaft überbringt. Zum anderen lag das aber auch daran, dass er als Jude nicht zu einem heidnischen, dazu noch verfeindeten Volk gehen wollte. In seinen Augen hatte es dieses Volk nicht verdient, Gott kennenzulernen. Deswegen flieht er mit dem Schiff Richtung Tarsis.

Wenn Gott Gericht predigen lässt, dann immer in der Hoffnung, dass die Menschen deswegen zur Umkehr kommen. Das ist es, was Gott eigentlich will.

Gottes Reaktion verblüfft mich immer wieder neu. Er hätte jedes Recht gehabt, Jona zu verwerfen und sich einen anderen Propheten auszuwählen, der bereit ist, den Auftrag treu zu erfüllen. Aber er verwirft ihn nicht, sondern er entscheidet sich dazu, weiter mit und an Jona zu arbeiten. Um Jona also zurückzuholen, schickt Gott einen Sturm. Und weil sich die Seeleute nicht anders zu helfen wissen, werfen sie Jona, auf seinen eigenen Vorschlag hin, über Bord. Als sich darauf der Sturm schlagartig legt, sind sie völlig verblüfft und beginnen Gott zu loben.

> Die Seeleute wurden von tiefer Ehrfurcht vor dem Herrn ergriffen, brachten ihm Opfer und schworen ihm zu dienen.
>
> Jona 1,16

Ich finde es wunderschön zu sehen, dass Gott Jonas Ungehorsam dazu gebraucht, um diesen Seeleuten zu begegnen. Gott tut so etwas immer wieder. Denk zum Beispiel an David und Batseba. David begeht Mord und

Ehebruch. Doch genau diese Batseba kommt in Jesu Stammbaum vor. Gott kann selbst unsere Sünden so verwenden, dass sie seinem wunderbaren Plan dienen.

Aber die Geschichte von Jona geht noch weiter. Der wohl berühmteste Teil dieser Geschichte ist, dass Jona von einem großen Fisch verschlungen wird und 3 Tage in seinem Bauch verbringt. Hier hat Jona nun Zeit, über alles nachzudenken. Ihm wird klar, dass er einen großen Fehler gemacht hat und deswegen will er nun Gottes Auftrag erfüllen.

> Als ich keine Hoffnung mehr hatte, dachte ich an den Herrn. [...] Denn die Hilfe kommt vom Herrn.
>
> Jona 2,8.10

Er macht sich also endlich auf den Weg nach Ninive, um das zu tun, was Gott von ihm verlangt. Dort angekommen erzählt er den Menschen, dass Gott die Stadt vernichten will. Diese Botschaft traf die Bewohner von Ninive mitten ins Herz, sodass sie sich von ihren bösen Wegen abkehrten. Vom König bis zu untersten Sklaven bereuten sie alle ihre Taten und wollten von nun an mit Gott leben.

> Als Gott sah, dass sie von ihren schlechten Wegen umgekehrt waren, bedauerte er, dass er

ihnen Unheil angedroht hatte und verschonte
sie.

Jona 3,10

Soweit eine kurze Zusammenfassung der ersten 3
Kapitel. An sich eine schöne Geschichte, die sogar ein
Happy End hat. Aber warum gibt es dann eigentlich
noch das vierte Kapitel? Es ist keineswegs überflüssig,
denn hier bekommen wir noch einen besseren Einblick
in Jonas Charakter und Gottes Handeln mit ihm. Wir
lesen, dass Jona böse und zornig darüber geworden ist,
dass Gott Ninive verschont hat (Vers 1). Sein Verhalten
zeigt sogar depressive Züge (Vers3). Er ging auf einen
Berg außerhalb der Stadt und wartete gespannt darauf,
was passieren würde (Vers 5). Wahrscheinlich hoffte er
insgeheim, dass Gott die Stadt dennoch vernichten würde. Und wenn das geschieht, dann wollte er eine wunderbare Aussicht darauf haben. Wir lesen außerdem,
dass er sich an seine alte Sünde erinnert und sein Verhalten im Nachhinein doch für richtig hält (Vers 2). Er hatte
sein vergangenes Handeln nicht wirklich bereut. Es zeigt
sich, dass er Gottes Wesen nicht kennt. Denn wenn Gott
Gericht predigen lässt, dann immer in der Hoffnung,
dass die Menschen deswegen zur Umkehr kommen. Das
ist es, was Gott eigentlich will.

So wahr ich lebe, spricht Gott, der Herr, ich
freue mich nicht über den Tod eines gottlosen

Menschen, sondern ich freue mich viel mehr, wenn er sein Verhalten ändert und am Leben bleibt. Kehrt um! Kehrt um und ändert euer Verhalten!

Hes. 33,11

Geht es uns nicht auch manchmal so wie Jona? Manchmal handelt Gott anders als wir es uns vorgestellt haben und dann sind wir enttäuscht von ihm. In diesen Momenten sind wir oft auch nicht bereit einzusehen, dass Gottes Wege viel besser sind als unsere. Wir sind sauer, dass Gott eine Tür in unserem Leben vor unserer Nase

Gott ist bereit ungewöhnliche Wege zu gehen, um ganz gewöhnliche Menschen wie Dich und mich zu erreichen.

zugeschlagen hat, sehen aber nicht, dass er eine andere, viel bessere Tür schon längst geöffnet hat. Und zu allem Übel fallen wir dann auch noch gerne auf den Teufel herein. In Zeiten, in denen wir unzufrieden mit Gottes Handeln sind, sind wir besonders empfänglich für sündige Gedanken.

Was mich aber fasziniert ist Gottes Handeln mit Jona. Er hatte ihm auf dem Schiff eine zweite Chance gegeben, die Jona nicht wirklich wahrgenommen hat, denn er ist schon wieder unzufrieden mit Gottes Plan. Und wieder verwirft Gott Jona nicht, sondern er will ihm etwas beibringen. Er ist geduldig mit ihm und zeigt ihm am Beispiel des Rizinus-Strauchs, wo und wie er sich verändern muss. Er lässt diesen Strauch wachsen, sodass Jona darunter Schatten findet. Und dann lässt er ihn wieder eingehen, sodass Jona in der glühenden Sonne sitzen muss. Diese einfache Begebenheit nimmt Jona so sehr mit, dass er nicht mehr leben will, was nicht zuletzt an seiner Depression liegen wird (Vers 8). Doch dies alles benutzt Gott, um Jona etwas Wichtiges beizubringen. Wenn Jona schon wegen eines einfachen Strauches trauert, wie viel mehr trauert Gott, wenn eine Stadt mit 120.000 Einwohnern vernichtet wird. Er will diese Menschen nicht verlieren und ist bereit alles Mögliche zu tun, um sie zu retten.

Aber nicht nur die Stadt Ninive liegt Gott am Herzen, sondern auch Jona. Gott bewegt nicht nur das Schicksal von großen Menschenmengen, sondern auch das Schicksal von einzelnen Personen. Personen wie Jona, die sich gegen Gottes Anweisungen sträuben und vor ihm davonlaufen. Personen, die mit Gott nichts zu tun haben wollen und lieber ihren eigenen Weg gehen wollen. Ihnen allen geht Gott hinterher und will sie gewinnen.

Das tut er auch noch heute. Gott ist bereit ungewöhnliche Wege zu gehen, um ganz gewöhnliche Menschen wie Dich und mich zu erreichen. Und damit sind nicht nur ungläubige Menschen gemeint, sondern auch langjährige Christen. Jona ist ein Prophet gewesen. Er kannte Gott schon lange. Aber Gott weiß, dass der Glaube nicht einfach vom Himmel fällt. Vieles ist ein lebenslanger Lernprozess. Auch Menschen, die ihm schon lange folgen, brauchen Korrekturen auf ihrem Weg und in ihrem Gottesbild. Nur so können wir im Glauben wachsen und Halt in schweren Zeiten finden.

Zum Nachdenken

❖ *An welcher Stelle stehst Du gerade? Läufst Du gerade vor Gott davon? Oder tust Du treu das, was er von Dir möchte?*

❖ *Denk einmal daran zurück, auf welchen Wegen Gott Dich in Deinem Leben geführt hat. Oft wird einem erst im Nachhinein klar, weswegen Gott scheinbare Umwege gehen musste, damit er Dich da haben kann, wo Du jetzt stehst. Vergiss niemals Gott dafür zu danken, dass er all das für Dich tut.*

❖ *Lass mich Dir noch eine sehr unangenehme Frage stellen: Wie viele schlaflose Nächte hast Du schon wegen den Sorgen über Deine eigene Zukunft gehabt? Und wie viele schlaflose Nächte waren es, weil Du Dir Sorgen über die vielen ungläubigen Menschen in Deiner Umgebung gemacht hast? Wahrscheinlich geht es Dir so ähnlich wie mir. Ich denke viel zu oft nur an mich und viel zu selten an die Menschen, die Gott noch nicht kennen. Bitte bei Gott um Verzeihung und bitte ihn, dass er Deine Einstellungen ändert und Dir ein Herz für die Verlorenen gibt.*

Die Jünger

Kapitel 15

...auch wenn meine Pläne versagen

Lukas 22, 7-34

Simon, Simon, Satan hat euch alle haben wollen. Er wollte euch durchsieben wie Weizen. Doch ich habe für dich gebetet, dass dein Glaube nicht aufhöre.

Lk. 22,31-32

Obwohl die Jünger Jesus Tag für Tag um sich hatten, waren sie doch in Gefahr angesichts der großen Probleme den Glauben zu verlieren. Es zeigt sich mal wieder, einfach nur in der Nähe von Jesus zu sein, bewahrt nicht vor Glaubenskrisen. So ist es auch heute. Einfach nur regelmäßig eine Kirche zu besuchen, bewahrt nicht. Auch die Mitgliedschaft hilft nicht weiter. Es braucht eine aktive Beziehung zu Jesus.

„Ich habe für dich gebetet, dass dein Glaube nicht aufhöre", sagte Jesus zu Petrus kurz bevor er verhaftet, verurteilt und gekreuzigt wurde. Warum war Petrus überhaupt in der Gefahr, seinen Glauben zu verlieren? In der Nacht vor seinem Tod wusste Jesus bereits, was ihm bevorsteht und was er durchmachen muss. Und er wusste auch, was seine Jünger durchmachen müssen und womit sie zu kämpfen haben werden.

> Und sobald sie am Ufer angelegt hatten, <u>ließen sie alles zurück</u> und folgten Jesus nach.
>
> Lk. 5,11

> »Komm, folge mir nach!«, sagte Jesus zu ihm. Da stand Levi auf, <u>ließ alles liegen</u> und folgte ihm nach.
>
> Lk. 5,27-28

Sie hatten alles für Jesus aufgegeben. Was auch immer ihr Leben zuvor bestimmte, Familie, Freunde, Arbeit, sie ließen es hinter sich. Von einigen wissen wir, dass sie feste Berufe hatten (Fischer, Zöllner), die ihnen eine stabile finanzielle Zukunft versprachen. Aber all das waren die Jünger bereit zu verlassen, um Jesus nachzufolgen. Mittlerweile waren sie nun schon ca. 3 Jahre mit Jesus unterwegs. Sie hatten ihn kennengelernt und glaubten zu wissen, was auf sie zukommt. Jesus hatte schon häufig vom zukünftigen Reich Gottes gesprochen (vgl. Lk. 13; Mt. 13). Und als sie mit Jesus zusammen das Passahmahl zu sich nahmen, merkten auch sie, dass etwas Großes bevorsteht. Doch sie ahnten nicht, dass es anders kommen wird, als sie es sich dachten. In ihrer Vorstellung würde Jesus die Herrschaft übernehmen und von da an sichtbar das Reich Gottes regieren. Und sie als seine Nachfolger würden einen besonderen Platz in diesem Reich einnehmen.

> Und sie fingen an zu streiten, wer von ihnen im kommenden Reich Gottes der Größte sein würde.
>
> Lk. 22,24

Wie falsch die Jünger doch lagen. Das alte Sprichwort „Hochmut kommt vor dem Fall" passt hier wunderbar. Und der Fall, der den Jüngern bevorstand, war besonders tief. Sie gingen von einer glorreichen Herrschaft Jesu aus, in der sie eine besondere Rolle übernehmen würden, weil sie ihn von Anfang an begleitet hatten (vgl. Mt. 19,27-29). Doch seine Verhaftung und sein Tod waren etwas, das sie unvorhergesehen aus ihren Träumen riss und sie schlagartig mit der har-

Gott lässt sich nicht in unsere kleinen Schubladen stecken, er passt dort nicht rein. Er sprengt unser Denken und wir können ihn mit unserem beschränkten Verstand nicht fassen oder gar verstehen.

ten Realität konfrontierte. Jesus wusste, dass für die Jünger eine Welt zusammenbrechen würde. Ihr Plan von der Zukunft würde innerhalb weniger Stunden wie ein Kartenhaus zusammenfallen. Das sind genau die Situationen, in denen Menschen in der Gefahr stehen, den Glauben zu verlieren. Und weil Jesus das weiß, betet er dafür, dass ihr Glaube nicht aufhört.

Ist das nicht eine wunderbare Zusage? Jesus weiß, dass wir in den schwersten Stunden unseres Lebens in der Gefahr sind, den Glauben zu verlieren. Wenn alles um uns herum zusammenbricht, dann droht der Glaube mit einzustürzen. Aber Jesus betet für uns. Er betet für Dich, dass Dein Glaube nicht aufhöre!

Aber wie können wir vorsorgen, damit wir nicht Gefahr laufen, den Glauben zu verlieren? Lasst uns einmal einen genaueren Blick darauf werfen, warum die Jünger in diese Lage geraten sind. Natürlich ist es nicht einfach, wenn man mit ansehen muss, wie der Mann, den man 3 Jahre lang begleitet und von dem man so viel gelernt hat, festgenommen, zu Unrecht verurteilt und hingerichtet wird. Dieser Umstand erklärt aber nicht genügend, warum für die Jünger damit eine ganze Welt zusammengebrochen ist. Ein wichtiger Aspekt ist, dass die Jünger ein falsches Bild von Jesus hatten. In ihrer Vorstellung würde er ja der zukünftige Herrscher sein und sie würden mit ihm zusammen herrschen. Eine Kreuzigung passte nicht in dieses Bild. Es war also ein falsches Gottesbild, das sie so tief in die Misere stürzte.

Wenn ich ein falsches Bild von Gott habe, dann wird mich das zwangsläufig immer wieder in Situationen bringen, in denen ich von Gott enttäuscht werde. Das liegt aber nicht daran, dass Gott etwas falsch macht, sondern vielmehr daran, dass wir uns falsche Vorstellungen davon machen, wer Gott ist und wie er handelt. Wir neigen dazu, in Schubladen zu denken. Wenn wir meinen einen kleinen Teil von Gott verstanden zu haben, dann stecken wir ihn in eine bestimmte Schublade. Und als ob das nicht schon schlimm genug wäre, mischen wir dann noch ein paar von unseren Wunschvorstellungen mit dazu. Und fertig ist ein Gott, wie er uns in den Kram passt. Aber Gott lässt sich nicht in unsere kleinen Schubladen stecken, er passt dort nicht rein. Er sprengt unser Denken und wir können ihn mit unserem beschränkten Verstand nicht fassen oder gar verstehen. Für den ein oder anderen ist das vielleicht ein Problem. Wenn ich ehrlich bin, bin ich dafür sehr dankbar. Denn was wäre das für ein Gott, wenn ich ihn bis ins kleinste Detail verstehen, beschreiben und erklären könnte? Ich bin aber nur das Geschöpf, nicht der Schöpfer.

Lass Dich aber nicht davon entmutigen, wenn Du Gott niemals voll und ganz verstehen kannst. Gott kennenzulernen ist eben ein Prozess – jeden Tag ein Stückchen mehr. Und ich verspreche dir, je mehr Du ihn kennenlernst, desto mehr wirst Du von ihm begeistert sein.

Jeden Tag wird er Dich aufs Neue überraschen und so wirst Du jeden Tag einen neuen Grund bekommen ihn zu loben und ihm die Ehre zu geben.

Wie wunderbar ist doch Gott! Wie unermesslich sind seine Reichtümer, wie tief seine Weisheit und seine Erkenntnis! Unmöglich ist es uns, seine Entscheidungen und Wege zu begreifen! Denn wer kann wissen, was der Herr denkt? Wer kann sein Ratgeber sein? Und wer hat Gott jemals so viel gegeben, dass Gott ihm etwas zurückerstatten müsste? Denn alles kommt von ihm; alles besteht durch seine Macht und ist zu seiner Herrlichkeit bestimmt. Ihm gehört die Ehre in Ewigkeit! Amen.

Röm. 11,33-36

Zum Nachdenken

❖ Ist es nicht wunderbar zu wissen, dass Jesus für uns betet, wenn wir durch schwere Lebensphasen gehen? Hast Du ihm eigentlich schon einmal dafür gedankt?

❖ Wo hat sich in der Vergangenheit ein falsches Gottesbild bei Dir eingeschlichen? Denke einmal ernsthaft darüber nach und bitte Gott, dass er Dir zeigt, wo Du Dein Bild korrigieren musst.

Kapitel 16

...auch wenn Stürme aufziehen

Lukas 8, 22-25

Ich möchte uns noch auf eine weitere Geschichte aus dem Lukasevangelium hindeuten, die uns den Glauben der Jünger zeigt.

> Eines Tages sagte Jesus zu seinen Jüngern: »Lasst uns auf die andere Seite des Sees fahren.« Sie stiegen also in ein Boot und stießen vom Ufer ab.
>
> Lk. 8,22

Es beginnt wie eine ganz normale Alltagssituation. Jesus fährt mit den Jüngern über den See. Wenn man bedenkt, dass einige der Jünger Fischer waren, so war diese Bootsfahrt tatsächlich nichts Besonderes. Das hatten sie bereits unzählige Male in ihrem Leben gemacht. Aber wie so oft im Leben passieren die größten Tragödien, wenn niemand mit ihnen rechnet. Auf einmal kommen starke Winde und ein gewaltiger Sturm braut sich auf. Und was wie ein gemütlicher Ausflug begann ist nun der nackte Kampf ums Überleben. Ich kann mir bildlich vorstellen, wie die Jünger sich mit der einen

Hand krampfhaft festhielten, um bei den hohen Wellen nicht über Bord zu gehen und mit der anderen Hand verzweifelt versuchten, das Wasser aus dem Boot wieder herauszuschöpfen. Mit allem, was sie hatten, kämpften sie gegen das Ertrinken.

Doch was tat Jesus in dieser Zeit? Half er ihnen? Nein, er schlief! Kaum vorstellbar, wie man auf einem kleinen Boot, das von den Wellen hin und her geschmissen wird, schlafen kann, aber Jesus tut es. Was müssen sich die Jünger wohl gedacht haben? „Wie kannst du nur schlafen, während wir hier ums Überleben kämpfen? Das Boot droht unter zu gehen und du tust nichts dagegen!"

Geht es uns nicht oft genauso? Die eigene Tochter ist auf einer Klassenfahrt angefahren worden und schwebt nun in Lebensgefahr. Der Ehepartner wurde bei einem bewaffneten Raubüberfall schwer verletzt. Im Familienurlaub in Thailand ereignet sich ein gewaltiger Tsunami und reißt tausende von Menschen in den Tod. All das sind Situationen, die uns völlig überraschend in unserem Alltag ereilen können. Und anschließend knien wir vielleicht verzweifelt am Krankenbett von geliebten Angehörigen und schreien und flehen zu Gott. Wir fragen „Warum?", wir flehen, dass unsere Geliebten nicht sterben und dass Gott Heilung schenkt. Aber Gott antwortet nicht. Es ist so, als ob er sich nicht für unser Leid interessiert. Gott scheint zu schlafen. In jedem Fall aber fühlen wir uns mit der Situation überfordert und allein gelassen. Wo ist Gott, wenn man ihn am dringendsten braucht?

Ich kann und will an dieser Stelle keine allgemein gültige Antwort auf das Leid im Leben geben, aber ich möchte darauf hinweisen, wie man inmitten dieses Leides trotzdem glauben kann.

Als die Jünger eingesehen haben, dass sie sich nicht selbst aus dieser Situation befreien können, wenden sie sich endlich an Jesus. Sie wecken ihn und rufen: „Meister, wir kommen um!" (Vers 24). Sie müssen eingestehen, dass dieser Sturm ihre Fähigkeiten übersteigt. Und das, obwohl sie ja eigentlich als erfahrene Fischer die Experten bei dieser Bootstour sind. Sie müssen sich demütigen und Jesus um Hilfe bitten.

An dieser Stelle würde ich als Leser erwarten, dass Jesus sie lobt. „Endlich seid ihr zu mir gekommen. Ihr habt euch selbst abgemüht und doch feststellen müssen, dass ihr es ohne mich nicht schaffen könnt. So ein Sturm ist eine Nummer zu groß für euch. Ich allein kann damit umgehen. Und nun lehnt euch zurück und staunt, welche Macht mir gegeben ist!" Und dabei würde Jesus den Jüngern ermutigend auf die Schulter klopfen.

So, oder so ähnlich würde Jesu Reaktion in meiner Fantasie aussehen. So würde ich mir zumindest wünschen, dass Jesus reagiert, wenn ich in dem Boot gesessen hätte. Doch Jesu wirkliche Reaktion hat wenig mit meiner Fantasie zu tun.

Und er fragte sie: »Wo ist euer Glaube?«

Lk. 8,25

Diese Antwort hat mich zutiefst überrascht und zum Nachdenken gebracht. Er fragt sie tatsächlich, wo ihr Glaube ist. War es etwa kein Glaubensschritt, dass sie demütig zu Jesus kamen und ihn um Hilfe baten? Können wir mit unseren Problemen etwa nicht zu Jesus kommen? An dieser Stelle ist es besonders wichtig, dass wir Jesu Reaktion richtig einordnen. Jesus fragt sie das nicht, weil er sich nicht für ihr Leid interessiert oder weil er lieber weitergeschlafen hätte. Er will sie vielmehr dazu herausfordern ihren Glauben

Jesus will nicht der Rettungsring sein, der nur im äußersten Notfall eingesetzt wird und ansonsten nur zur Verzierung an der Wand hängt. Er will der Kapitän des Schiffes sein.

prüfend zu hinterfragen. Bisher hatten sie nur sonnige Tage mit Jesus erlebt. Seit er sie berufen hat, waren sie im ganzen Land unterwegs. Egal wo sie hinkamen, die Leute jubelten ihnen zu, denn Jesu Ruf eilte ihnen voraus. Und egal welchen Krankheiten oder Dämonen sie begegneten, Jesus heilte sie alle. Bisher hatten sie noch keinen Gegenwind erfahren. Doch nun, bei den ersten Schwierigkeiten, kommen sie gleich ins Wanken.

Es ist einfach Gott zu loben und ihm zu sagen, dass man ihm nachfolgen will, wenn die Sonne scheint. Wenn ich gerade ein gesundes Kind bekommen, eine neue Arbeitsstelle gefunden oder im Lotto gewonnen habe, dann fällt es mir leicht, Gott meine Dankbarkeit auszudrücken. In diesen Situationen neigt man doch viel zu schnell dazu, Gott alles Mögliche zu versprechen. Aber wo ist mein Versprechen, wenn dunkle Wolken aufziehen? Bin ich noch bereit, Gott zu vertrauen und ihm zu folgen, wenn alles um mich herum zerbricht? Erst in den Lebensstürmen zeigt sich, wie weit mein Glaube reicht. Gott wünscht sich nichts sehnlicher, als dass wir in solchen Situationen zu ihm sagen: „Selbst wenn alles kaputt geht – Ich vertraue dir, Herr!"

Die Jünger waren offensichtlich noch nicht dazu bereit. Anstatt Jesus von Anfang an zu vertrauen, versuchten sie zunächst alles selbst hinzubekommen. Und erst als sie sahen, dass das nicht zum Erfolg führt, schalteten sie Jesus mit ein. Jesus war nur Plan B für die Jünger. Aber damit gibt sich Jesus nicht zufrieden – weder damals noch heute. Er will nicht Dein Plan B sein. Um in der Seemannssprache zu bleiben: Jesus will nicht der Rettungsring sein, der nur im äußersten Notfall eingesetzt wird und ansonsten nur zur Verzierung an der Wand hängt. Er will der Kapitän des Schiffes sein. Er will den Kurs vorgeben und uns so leiten, wie er es für richtig hält. Und er erwartet von uns, dass wir bereit sind ihm bedingungslos zu vertrauen, anstatt bei jeder Turbulenz ins Steuer zu greifen.

Aber die Geschichte ist ja so noch nicht zu Ende. Die Jünger hatten in ihrem Verhalten gezeigt, dass es ihnen an Glauben mangelte. Und auch wir zeigen leider viel zu häufig, dass unser Glaube unzureichend ist. Aber dennoch taten sie das einzig richtige in ihrer Situation. Sie kamen zu Jesus. Etwas Besseres hätten sie nicht tun können, denn Jesus ist tatsächlich der einzige, der über all unseren Lebensstürme steht und er alleine kann sie stillen.

Selbst wenn Du also einsiehst, dass Dein Glaube unzureichend und klein ist, zögere niemals damit dennoch zu Gott zu kommen und erfahre vor seinem Thron die Barmherzigkeit, die Du brauchst. Nur so können wir in unserem Glauben wachsen.

Lasst uns deshalb zuversichtlich vor den Thron unseres gnädigen Gottes treten. Dort werden wir Barmherzigkeit empfangen und Gnade finden, die uns helfen wird, wenn wir sie brauchen.

Hebr. 4,16

Zum Nachdenken

❖ *Denke an eine Situation aus Deinem Leben zurück, in der Dein Glaube auf dem Prüfstand war.
Wie hast Du dort reagiert und welchen Stellenwert
hast Du Jesus eingeräumt? Und selbst wenn Du
Dir jetzt vielleicht eingestehen musst, dass Dein
Glaube sich als klein erwiesen hat, so habe trotzdem den Mut, so wie die Jünger, damit zu Jesus zu
kommen.*

Paulus

Kapitel 17

...auch wenn mich die Vergangenheit verfolgt

Apostelgeschichte 9,1-19

Paulus war wirklich ein Mann der Extreme. Vom erbittertsten Feind der Christen wandelte er sich zu einem treuen Nachfolger und Verkündiger des Evangeliums von Jesus Christus. Er prägte die ersten Gemeinden wie kein anderer und auch uns prägt er heute noch, denn die meisten neutestamentlichen Briefe stammen von ihm.

In Kapitel 9 lesen wir davon, dass Paulus (damals hieß er noch Saulus) nach Damaskus gehen wollte, um dort möglichst viele Christen gefangen zu nehmen. Er hatte ein Empfehlungsschreiben des Hohepriesters im Gepäck, was ihm und seiner Aufgabe eine besondere Wichtigkeit verlieh. Es war ihm ein Herzensanliegen, die Christen zu verfolgen, aber er hatte auch mächtige Männer hinter sich, die ihn in seiner Tätigkeit unterstützten und bekräftigen. Sie alle waren der Überzeugung, dass sie Gott damit einen Gefallen tun, denn in ihren Augen waren die Christen nur eine neue Sekte, die man möglichst schnell im Keim ersticken wollte.

Übrigens, das geschieht auch heute noch. Seit 2011 wütet in Syrien ein Krieg. Was zunächst wie ein Bürgerkrieg begann ist nun schon lange kein reiner Bürgerkrieg mehr, denn immer mehr Konfliktparteien sind involviert. Eine von ihnen ist der Islamische Staat. Militante Anhänger des IS kommen aus aller Welt nach Syrien, um einen islamischen Gottesstaat zu errichten. Seitdem werden die dort lebenden Christen massiv unter Druck gesetzt, verfolgt und getötet. Und welche Stadt liegt in Syrien? Damaskus. Genauso wie damals Paulus nach Damaskus ging, um Christen zu verfolgen, gehen heute wieder

Es ist unmöglich Gott zu dienen und ihm zu gefallen, wenn man ihn nicht kennt. Denn das Bild, das Du von Gott hast entscheidet maßgeblich, wie und wo Du Dich für ihn einsetzen möchtest.

viele Menschen dort hin, um es ihm gleich zu tun. Und eines haben sie und Paulus gemeinsam: Sie handeln aus ihrem Glauben heraus und sind der festen Überzeugung, dass sie Gott damit einen Gefallen tun.

Als Paulus also unterwegs nach Damaskus war, sah er ein helles Licht, fiel zu Boden und hörte eine Stimme:

»Saul, Saul! Warum verfolgst du mich?«»Wer
bist du, Herr?«, fragte er. Die Stimme antwortete: »Ich bin Jesus, den du verfolgst!

Apg. 9,4-5

Paulus hatte also sein ganzes bisheriges Leben dafür
eingesetzt einen Dienst für Gott zu tun, und als dieser
ihm dann begegnet, da stellt sich heraus, dass er Gott gar
nicht kennt. Diese Einsicht muss wie eine Bombe in seinem Leben eingeschlagen haben. Alles, was seinen bis-
herigen Lebenssinn ausgemacht hat, zerfiel in einem
Moment. Er hatte so viel auf sich genommen, sich den
strengsten Glaubensrichtungen angeschlossen und sich
und seinen Körper gequält, nur um Gott damit zu gefallen. Und nun musste er feststellen, dass er einem Trugschluss unterlag.

Für Paulus hatte sich die Vorhersage des Rabbiners
Gamaliels erfüllt. Es scheint schon fast die Ironie des Lebens zu sein, dass eben dieser Gamaliel Paulus' Lehrer
war (vgl. Apg. 22,3). Er hätte lieber besser auf seinen
Lehrer hören sollen, denn das hätte ihm viel Leid er-
spart. Gamaliel hatte zuvor bei der Festnahme der Apostel den weisen Ratschlag gegeben, dass man nichts gegen diese neue Lehre der Apostel unternehmen sollte.
Wenn sie nämlich nicht von Gott kommt, dann würde
sie nach ihrem Tod von ganz alleine verschwinden.

Wenn es jedoch von Gott ist, werdet ihr sie
nicht aufhalten können, und am Ende stellt ihr
womöglich fest, dass ihr gegen Gott selbst
kämpft.

Apg. 5,39

Aber was kann uns die Bekehrungsgeschichte von
Paulus für unsere Glaubenskrisen sagen? Immerhin
wird wahrscheinlich keiner, der dieses Buch hier liest,
ein Christenverfolger sein. Dennoch glaube ich, dass wir
hier eine wichtige Wahrheit erkennen können. Es ist
unmöglich Gott zu dienen und ihm zu gefallen, wenn
man ihn nicht kennt. Denn das Bild, das Du von Gott
hast entscheidet maßgeblich, wie und wo Du Dich für
ihn einsetzen möchtest. Und wenn dieses Bild fehlerhaft,
oder gar komplett falsch ist, dann wirst auch Du eines
Tages wie Paulus vor den Trümmerhaufen Deines Glau-
benslebens stehen. Deswegen, korrigiere Dein Gottesbild, falls nötig, damit Du nicht auch eines Tages zu Gott
sagen musst: „Wer bist du, Herr?"
    Wie aber erfahre ich, ob mein Gottesbild richtig oder
falsch ist? Und darf ich überhaupt eins haben, wenn die
Bibel im zweiten Gebot doch davon spricht, dass wir uns
kein Bild von Gott machen sollen? Ich denke, dass das in
erster Linie ganz plastisch gemeint ist. Wir sollen uns
kein Bildnis (also z.B. keine Statue) von Gott machen, die
wir dann anbeten. Aber selbstverständlich kann man das
auch übertragen. So wie sich Gott nicht in eine Statue

zwängen lässt, genauso wenig lässt er sich in unser Schubladendenken zwängen. Er ist größer als wir es je begreifen werden. Und da sind wir schon beim nächsten Problem. Wenn Gott also „unbegreiflich" für unseren kleinen Verstand ist, wie kann ich dann ein akkurates Gottesbild haben? Die Antwort darauf wird Dich vielleicht nicht zufrieden stellen, aber wir werden niemals ein akkurates Gottesbild haben (außer vielleicht einmal im Himmel). Wir können lediglich Facetten wahrnehmen und erahnen, wie viele wunderbare und verblüffende Eigenschaften Gott sonst noch hat. Was man häufig aber sehr gut identifizieren kann sind eben falsche Gottesbilder. Je mehr wir aus der Bibel über Gott verstehen desto mehr wird uns klar werden, wo wir falsche Vorstellungen von Gott haben. Das Ganze ist also ein lebenslanger Prozess.

Aber es gibt Hoffnung. Selbst wenn Du Dir eingestehen musst, dass Dein Gottesbild Korrekturen benötigt, so lass Dich von Paulus' Lebensgeschichte ermutigen. Er war bereit sich vor Gott zu demütigen und ihm seine Fehler einzugestehen. Und Gott gab ihm eine zweite Chance, ein neues Leben. Und sieh doch, wie Paulus es für Gott genutzt hat. Auch Du kannst das tun.

Zum Nachdenken

❖ Wie steht es um Dein Gottesbild? Haben sich vielleicht in den letzten Jahren Einstellungen Gott gegenüber eingeschlichen, die man so in der Bibel nicht finden kann? Falls ja, dann bitte Gott um Vergebung und bitte ihn, dir zu zeigen, wo und wie du dein Gottesbild verändern sollst.

❖ Lasst uns an unsere verfolgten Geschwister denken. Sie leiden Tag für Tag für ihren Glauben. Bete dafür, dass sie durchhalten und dass Gott ihnen Möglichkeiten gibt, ihren Glauben zu bezeugen.

❖ Bete aber auch für die Verfolger. Am Beispiel von Paulus sehen wir, dass selbst die ärgsten Verfolger umkehren können.

Kapitel 18

...auch wenn ich Feinde habe

Apostelgeschichte 16,16-40

Paulus hatte in seinem Leben viel erlebt. Auf seinen Missionsreisen begegnete er unzähligen Menschen. Einige waren ihm friedlich gesinnt. Sie nahmen ihn auf, gaben ihm zu essen und zu trinken, einen warmen Schlafplatz und manchmal unterstützten sie ihn auch finanziell. Doch es gab auch die anderen Menschen. Die, die ihn hassten, die ihn ins Gefängnis warfen und ihn umbringen wollten.

Fünfmal haben die Juden mir neununddreißig Hiebe verabreicht. Dreimal wurde ich ausgepeitscht. Einmal wurde ich gesteinigt. Ich habe drei Schiffbrüche überlebt. Einmal verbrachte ich eine ganze Nacht und einen Tag auf dem Meer treibend. Ich habe viele beschwerliche Reisen unternommen und war unzählige Male in großer Gefahr: ob durch Flüsse oder durch Räuber, ob durch mein eigenes jüdisches Volk oder durch Nichtjuden, ob in Städten, in der Einöde oder auf stürmischer See oder durch Leute, die sich als Anhänger von Christus aus-

gaben, es aber nicht waren. Ich habe Erschöp-
fung und Schmerzen und schlaflose Nächte
kennen gelernt. Oft litt ich Hunger und Durst
und habe gefastet. Oft habe ich vor Kälte gezit-
tert und hatte nichts, um mich warm zu halten.

2Kor. 11,24-27

Dass er aber Gegenwind bei seinen Missionsreisen
bekam, hat ihn nicht weiter verwundert oder gestört.
Schließlich tat er ja dieselben Dinge in seiner Vergangenheit bevor er die Seiten wechselte. Er wusste, wozu
die Verfolger der Christen fähig sind und was sie einem
antun können.

Lasst uns einmal eine Begebenheit genauer betrachten. Als Paulus und Silas gemeinsam unterwegs waren,
begegnete ihnen immer wieder eine besessene Sklavin,
die Wahrsagerei betrieb. Ihrem Besitzer brachte sie damit viel Geld ein. Eines Tages, so lesen wir, heilte Paulus
sie, sodass sie wieder eine normale Frau sein durfte.
Weil aber nun ihr Besitzer kein Geld mehr mit ihr verdienen konnte, brachte er Paulus und Silas vor die Ver-
antwortlichen der Stadt, die sie dann schlagen und ins
Gefängnis werfen ließen.

Paulus und Silas hatten eigentlich etwas Gutes getan,
denn sie heilten diese Frau. Jahre lang war sie besessen
von einem Dämon, doch nun konnte sie endlich frei sein.
Womit hatten die beiden also diese Strafe verdient? Genau genommen gar nicht und dennoch ertrugen sie es.

Sie wussten, dass das Leiden für den Glauben ein selbstverständlicher Teil des christlichen Lebens ist – sogar einer, für den man dankbar sein darf!

Denkt daran, dass es besser ist, für gute Taten zu leiden, falls Gott es so will, als zu leiden, weil ihr Unrecht getan habt!

1Pet. 3,17

Mein Wunsch ist es, Christus zu erkennen und die mächtige Kraft, die ihn von den Toten auferweckte, am eigenen Leib zu erfahren. Ich möchte lernen, was es heißt, mit ihm zu leiden, indem ich an seinem Tod teilhabe, damit auch ich eines Tages von den Toten auferweckt werde!

Phil. 3,10-11

Die Apostel verließen den Hohen Rat voller Freude darüber, dass Gott sie für würdig gehalten hatte, für den Namen von Jesus zu leiden.

Apg. 5,41

Diese Wahrheit vergessen wir Christen in der westlichen Welt viel zu oft. In unserem Denken ist es oft doch anders herum. Wir danken dafür, dass wir das Privileg haben, in Freiheit zu leben und dass wir nicht verfolgt werden. Die ersten Christen dankten jedoch dafür, dass sie das Privileg hatten, für ihren Glauben leiden zu dürfen. Immerhin hatte Jesus ihnen das schon versprochen:

> Die Welt würde euch lieben, wenn ihr zu ihr gehören würdet, aber das tut ihr nicht. Ich habe euch erwählt, aus der Welt herauszutreten; deshalb hasst sie euch. Denkt an das Wort, das ich euch gesagt habe: `Ein Diener ist nicht größer als sein Herr.´ Da sie mich verfolgt haben, werden sie auch euch verfolgen.
>
> Joh. 15,19-20

Und weil Paulus und Silas diese Wahrheit erkannt hatten, konnten sie Gott auch im Gefängnis aus tiefster Seele loben und preisen und somit auch den anderen Häftlingen Jesus Christus bezeugen.

> Gegen Mitternacht beteten Paulus und Silas und lobten Gott mit Liedern. Die übrigen Gefangenen hörten ihnen zu.
>
> Apg. 16,25

Versteht mich nicht falsch: Natürlich wünscht sich niemand Verfolgung. Christen sind doch keine Masochisten, die Freude am Schmerz haben. Es geht vielmehr darum: Gott hinterlässt uns in der Bibel ein realistisches Bild davon, wie es für die Gläubigen sein wird. Wir lesen nirgends davon, dass ein Christ in einer rosaroten

Zuckerwatte-Welt leben wird. Stattdessen berichtet die Bibel davon, dass wir für unseren Glauben Gegenwind zu erwarten haben. Deswegen müssen wir nicht verwundert sein, wenn wir mit unseren Lebensvorstellungen anecken und nicht in die Gesellschaft hineinpassen. Und wenn wir einmal wegen unseres Glaubens benachteiligt, verfolgt, beschimpft, ausgegrenzt oder sogar getötet werden, dann können wir dankbar sein, weil wir damit in Jesu Fußstapfen treten. Ich weiß, das klingt paradox und weltfremd, aber der Gott, dem wir dienen ist eben nicht von dieser Welt.

Wir danken dafür, dass wir das Privileg haben, in Freiheit zu leben und dass wir nicht verfolgt werden. Die ersten Christen dankten jedoch dafür, dass sie das Privileg hatten, für ihren Glauben leiden zu dürfen.

Lass Dich deswegen nicht davon entmutigen, wenn Du wegen Deines Glaubens benachteiligt wirst. Man kann Dir vielleicht Dein Geld, Dein Ansehen, Deine Familie, Deine Freunde oder sogar Dein Leben nehmen, aber Jesus werden sie Dir niemals wegnehmen können!

Denn Christus ist mein Leben und Sterben ist mein Gewinn.

Phil. 1,21 (LUT)

Zum Nachdenken

❖ *Bist Du bereit, für Deinen Glauben zu leiden? Hast Du solche Erfahrungen vielleicht schon einmal machen dürfen? Tausche Dich mit anderen Christen darüber aus.*

❖ *Oder geht es Dir vielleicht so wie mir leider viel zu häufig. Viel zu oft halte ich lieber meinen Mund und gehe den Problemen aus dem Weg, weil ich lieber ein angenehmes Leben haben möchte. Anstatt meinen Glauben zu bezeugen tue ich so, als hätte ich nichts mitbekommen. Aber Gott wünscht sich nichts sehnlicher, als dass wir zu ihm stehen und uns zu ihm bekennen, auch wenn das schlimme Folgen mit sich zieht.*

❖ *Bitte Gott, dass er Dir die Kraft und den Mut gibt, ihn in diesen Situationen zu bezeugen.*

Abschließende Gedanken

Du hast nun sehen können, welche Wege Gott mit großen Glaubensvorbildern in der Bibel gegangen ist. Wahrscheinlich kanntest Du einige ihrer Geschichten schon aus Deiner Kindheit. Dennoch bin ich davon überzeugt, dass Gott uns immer wieder Neues durch diese Geschichten beibringen möchte. Ich hoffe, ich habe Dich auf einige Dinge aufmerksam machen können, die Dir zuvor noch nicht bewusst gewesen sind. Und ich hoffe, dass Gott Dir darüber hinaus noch viel mehr durch den Heiligen Geist offenbart hat, als ich es mir momentan vorstellen kann. Ich hoffe auch, dass Dein Gottesbild an der einen oder anderen Stelle korrigiert wurde und Du Gott nun besser verstehen kannst.

Gott geht gerne Wege, die für uns unerklärlich sind. Wir verstehen ihn so oft nicht und wissen nicht, wozu Gott uns durch finstere Täler gehen lässt. Aber ich finde es schön zu wissen, dass er uns darin begleitet, uns stärkt, formt, verändert, vorbereitet, segnet und anderen zum Segen werden lässt.

An uns liegt es, in all dieser Zeit, Gott mit allem was wir haben zu dienen und ihn zu verherrlichen!

Der Herr ist mein Hirte, darum leide ich keinen
Mangel. Er bringt mich auf Weideplätze mit
saftigem Gras und führt mich zu Wasserstellen,
an denen ich ausruhen kann. Er stärkt und er-
frischt meine Seele. Er führt mich auf rechten
Wegen und verbürgt sich dafür mit seinem
Namen. <u>Selbst wenn ich durch ein finsteres Tal
gehen muss, wo Todesschatten mich umgeben,</u>
fürchte ich mich vor keinem Unglück, denn du,
'Herr`, bist bei mir! Dein Stock und dein Hir-
tenstab geben mir Trost. Du 'lädst mich ein
und` deckst mir den Tisch selbst vor den Augen
meiner Feinde. Du salbst mein Haupt mit Öl,
'um mich zu ehren`, und füllst meinen Becher
bis zum Überfließen. Nur Güte und Gnade
werden mich umgeben alle Tage meines Lebens, und ich werde wohnen im Haus des
Herrn für alle Zeit.

Ps. 23

Ich bete dafür, dass das Gelernte nun reiche Früchte in Deinem Leben bringt. Nun gilt es, dem neu erlangten Wissen Taten folgen zu lassen. Falls Du dieses Buch noch nicht in einem Hauskreis mit anderen Menschen zusammen gelesen hast, dann empfehle ich dir, dass Du Dir spätestens jetzt Menschen suchst, mit denen Du Dich über Deine Gedanken austauschen kannst. Gemeinsam könnt Ihr euch gegenseitig unterstützen. Falls Du gerade schwere Zeiten durchmachst, ist eine Gruppe, in der man sich austauschen kann, sowieso gut. Ich kann Dir aus eigener Erfahrung berichten, wie segensreich das ist.

Ich glaube, es ist deutlich geworden, dass schwere Zeiten immer zu unserem Leben dazugehören werden. Keiner wünscht sie sich, aber sie werden immer da sein. Die entscheidende Frage ist nur, wie wir damit umgehen werden. Ich bete, dass Dir das Gelernte dabei hilft, nicht ins Wanken zu kommen, sondern fest im Glauben zu stehen, damit Du immer sagen kannst:

…und *trotzdem* glaube ich!

Möge Gott Dich reich segnen!

Literaturverzeichnis

Accad, Lucien. „13. März." In *Mit Jesus im Feuerofen*, von Jan Pit (Hrsg.), 95. Open Doors, Deutschland, 2004.

Pit, Jan (Hrsg.). *Mit Jesus im Feuerofen*. Open Doors, Deutschland, 2004.

Stollwerk, Michael. *Frische Brise für die Seele*. Gießen: Brunnen Verlag, 2009.

Wünch, Hans-Georg. *Das Buch Rut*. Neuhausen-Stuttgart: Hänssler, 1998.

—. „Rut - die Ausländerin Gottes." *Vortrag*. FeG Altenkirchen, 6. Februar 2015.